U0111461

大展好書　好書大展
品嘗好書　冠群可期

心外無拳

心法不是練拳的具體方法，但它是指導練拳的要旨精義。

有方法，沒心法，拳終究是練不高、練不精、練不深，甚至是練不成的。

方法是有邏輯性的，成系統。作爲方法，越嚴密越好，前後呼應，左右彌合。心法則是「點」的，以點帶面，以面帶體，能點化，能使拳功拳技得到飛躍性發展。

練拳要有方法，更要有心法。

入門需方法，提高、昇華需心法。

一位老年書法家朋友，已然名聲卓著，自述二十多歲開始習練毛筆字，但眞正得書法眞要、豁然有悟乃五十以後。前面練了二十多年，只落得功力深厚，缺欠法度，始終心虛。五十後得名師指導，潛心碑帖，漸有所得，終成大雅，得法後自己內心也頓然踏實起來。

法度的重要性，不僅於書，於拳也是成敗攸關。

練習太極拳，只要長期堅持，功力是不斷增長的，但如果無法無度，或法度偏失，徒有功力，則功

力越深，偏差越大，便是「歪功」「斜功」。

這裏所說的法度，便是「心法」的一部分。過去老師父們常說，「假傳萬卷書，眞傳一句話」，這一句話，就是指心法。

心法是有個性的，一部分要傳，一部分還要悟，甚至悟的部分更重要。傳的是文字、語言，悟的是內容、關竅，是「不可言表」的那一部分。不是「不立文字」，是不可立，立不了。

但悟是要有基礎的，用心讀書是不可或缺的條件之一。不能憑空去悟，所謂「心外無拳」，因爲心也是拳。

心法也包括一些練法，太極拳眞正的心法不能是空中樓閣，而是具有實踐意義的。對太極拳來說，心法要結合練法才有意義。心法的獲得只有兩種途徑，一是用心才能感悟到，二是練到就會明白。一邊感悟一邊練是獲得太極拳心法的最佳方式。所以在本書中雖然重點談太極心法，不涉及具體的招勢，但對太極拳的一些重要原則、要領也進行了多角度的論述。心法領悟後，是可以用技法、功法去體現的。爲了更直觀、清晰地體現太極心法，本書選取了眾多太極拳名家高手的演拳圖片，他們風範生動地展現了太極心法的奧妙與境界，是本書中極爲光彩閃耀的部分。

心法相對於一些具體練法來說，是比較抽象的，所以論心法可以說些冠冕堂皇的漂亮話，但本書選擇講實話。本書力圖讓眞心研習太極拳者有眞正的收

穫，所以力戒套話。

　　眞正的心法往往很簡單，有些東西不需要長篇大論，就可以直截了當地講明白。可能就幾句話，所謂一層窗戶紙，但不捅破永遠是謎。許多文字論來論去只是圍繞幾句話的核心來轉，是爲了闡釋核心的幾句話，等到領悟了心法的核心時，就會覺得那些闡釋的話都是多餘的了。所以本書力圖以簡潔的文字來表達，也是爲了讓讀者用最直接的方式，去觸碰心法的內核。

　　在「心法」層次上，許多形而下的區別不在了，很多不同形態的東西都是相通的。通往太極拳心法的路不只一條，有時候換個角度，看得更明白，換個路線走得更快。所以本書有些文章雖然沒有直接論拳，但實際上論的還是拳，是拳的心法。

　　最後說一句，我覺得文化是最大的心法。

　　　　　　　　　　　　　　　　　余功保

目　錄

太 極 拳 品

書畫有品，拳也有品。

拳品不僅僅是功夫，還與層次、境界相關。功夫當然是其重要的衡量指標，但不是唯一指標。因為功夫是動態的，只要方法得當，勤奮練習，假以時日，功夫就會不斷增長。

但拳品不會簡單地跟時間成正比，有的人可能終其一生，難以入品，或者難以昇華到更高品格。

觀古今太極之妙，凡太極者，可以六品概之。

太極空靈品自高

　　凡品：大眾健身，樂在其中，不求精深，自有妙處。大部分的太極拳習練者均為此品。很多人練太極拳，為了實現健康的簡單目的，不求過多道理和知識，只為簡單練拳。凡品亦不凡，多少無窮奧妙皆在點點滴滴，如能快快樂樂、不求甚解地健康練拳一百年，當為無上妙品也。

　　佳品：入門、入道。行拳中規中矩，知拳法，明拳理，有內功根基。入太極佳品者，已是行家裏手，可稱為太極高手。正道已現，只要假以時日，必然步步進階。

　　妙品：褪盡火氣，拳法趣味橫生，自成一格，練出自身體會，有獨到見地，內功修為深湛，拳械樣樣精湛。入妙品者，已可為一方之師，太極名家。

　　逸品：清雅超凡，拳格高逸。習拳已入自由之境，脫離拳的規矩束縛，通透拳理、拳法，由廣博而返質樸，功深絕世，融會貫通，內外兼備，應物自然。入太極逸品者，若出山用世，當為名滿天下的宗師巨匠。可拳史留名，影響廣泛。

　　神品：須勤奮好學，長期堅持，又機緣巧合，悟性奇高，才有可能入得此品，許多人終其一生而不可得。太極神品世所罕見，舉目天下，古往今來，入太極之神品者，不過十數人也。神品之拳家，能繼往開來，承前啟後。

　　聖品：超越拳的界限，無為而為，舉手投足皆是拳。以拳悟道，以太極拳成就大學問。入此品者，不僅在太極拳界，也是在人類文化發展史上有著巨大影響力的人物。

格拳致知

格物致知是中國儒家的一個重要思想，認為透過對特定對象的反覆探究、深入體驗、誠意用心，就能獲得知識、智慧。

《禮記‧大學》最先提出了這一概念，論述格物、致知、誠意、正心、修身、齊家、正心、修身、齊家、治國、平天下八目中提出：「欲誠其意者，先致其知；致知在格物。物格而後知至，知至而後意誠」，強調「格物致知」作為內外兼修的重要方式和重要作用。

宋代大儒朱熹、明代大儒王陽明都在「格物致知」上有重要發展，提出了具體的解析，發揮並豐富了這一概念的學術體系，也包括了具體操作方法。

格，就是反覆探究；致，就是獲得。格物首先要有物來格，格什麼？其實世間萬物皆可格之，殊途同歸。對於太極拳研習者來說，「格拳」則是得天獨厚的一個最佳目標。

格拳，就是不斷地向太極拳用功，不斷地從中體驗，從而獲得太極拳的知，獲得關於生命的「知」、關於自然的「知」。

這個知不是簡單的知識，而是智慧。知曉生命的智慧大道。

不同的人可以得到不同的知，可以是一點一滴的拳理，可以是生命的發展規律，也可以是世界發展的根本道理。格出啥來，完全看自己的悟性、造化，當然用功是基礎條件。

「格拳」與格其他的對象有所不同，格拳不是一個簡單的體力活，還是一個智力活，更是一個靈性的活，不是「格」的時間越長越能「格」出東西來的，也不是越有學問越能「格」出明堂來。「格拳：需要靈感，悟性，不能用力過度」，方式、方法不對，就算格得頭大如牛，也不得其中三昧。歷史上曾經記載王陽明「格」竹子失敗的例子，其錯誤就在於「用力過度」，整天在院中對著竹子苦思冥想，結果一無所獲。

那麼「格拳」怎麼「格」？

最關鍵的一點，要「實格」，就是要身體力行，實際操作，不能只看、只研究，不動手不行。太極拳是實踐科學，單純的太極拳理論家是難以格到真東西的。就像書法理論家一樣，你不親自拿筆寫一寫，試一試，你不會懂真正的筆法，即使你寫完了，終於得出結論，書法的大成境

界是沒有筆法，但那也是轉了一圈後的歸零，而不是原地不動的坐井觀天。我始終認為，沒有真正練過太極拳的人不可能成為優秀的太極理論家。

　　還有重要的一點，要用心「格」。用心與用思維還不一樣，用思維的階段是學拳的階段，那還沒有到「格」的程度。格是反覆浸淫，沉溺其中，不能自拔不想自拔也不必自拔。把身體的束縛放下，用心直接去撞擊拳的內核，把拳打碎，無招也無勢，突破了「武」的界限，就格出了東西。因此格拳必須「靜」，靜了心才能有活力。

　　拳人人會練，但拳不是人人都會「格」的。

且向天地格拳法

太極拳是水做的

　　小時候讀《紅樓夢》，有一句話印象十分深刻。賈寶玉說：「男人是泥做的，女人是水做的。」那時並不太明白，只是覺得此話好玩，後來漸漸知道，這也是作者曹雪芹的觀點，也逐漸瞭解了話的深意。因為逐漸對「水」有了更深的領悟。

　　賈寶玉認為，男人是複雜的，是有雜質的，所以用

太極拳是水做的

「泥」來表示；女人是乾淨的，純淨的，所以用「水」來比喻。

大概那時候的環保問題還沒有現在這樣突出，水是人們概念中的純淨物，至少在曹雪芹眼中如此。

太極拳也是水做的。且不說它的原理深合水性，單以純淨而論，它應該如水般單純。

太極拳本來是純的。太極拳的出現，是以中國傳統哲學特別是陰陽平衡理論為基礎，融合了傳統養生，特別是中醫理法，結合武術的技擊功夫而產生，其最核心點在於內練。傳統太極拳理論是很純粹的，技術體系是十分清晰的，內練的原則是層次分明的。

太極拳後來複雜了。動作出現了大量花哨的裝飾性零碎，在原來清晰而純粹的技術體系中，編創衍生了一大批套路甚至練法。

如傳統楊式太極拳核心套路只有一套，現在出現了幾十套。旁生了許多的拳理學說，有的為獵奇而故作驚人之言，混淆了視聽。

太極講亂環，但不能有亂象。

太極拳要回歸純淨。這樣才能抓住本原，練的得法。這是太極拳發展的需要，也是太極拳鍛鍊的需要。

「太極拳是水做的」，因此它具有水性。

水性之一：隨物賦形

水無常形，因此它具有很高的自由度。在某一時空層面、時空點它是有形的，就是「隨物」之形。從更廣闊的時空來說，它是無形的。

太極拳也要脫形。

有的人練拳一輩子脫不了形。練得工整，練得到位，但這個位始終在一個空間中，可稱之為「拳牢」。拳牢不是不好，至少在這個空間中，練拳者獲得了相對的自由。但要更進一步，就要突破這個牢籠，進入更廣闊的空間。

太極拳脫的是形，但不脫規律，如同水，「形」變化了，但「態」不變，元素結構更沒變。

水性之二：柔和平和

水是生命的必備成分，但不是刺激性成分，所以水對於生命健康來說，是在心境平和的狀態下體會價值。水的力量也是以柔和的方式展現，柔和的力量是巨大的，比如

太極如水

雨水的潤物無聲，在柔和中滋養了萬物生長。太極拳的鍛鍊就是以柔和的方法進行，它對於猛烈的包容與化解，也是以柔和的狀態呈現。

太極拳的柔，帶來持久、深入的能量積蓄與釋放。練太極拳要始終把握真正的柔和、平和狀態。

水性之三：連綿不絕

「抽刀斷水水更流」，說的就是水的連綿不絕。無論哪派太極拳，都講究其拳架的連綿不斷。速度可以有變化，但態勢不能斷，內氣更是渾然貫通。水是連綿的，轉折無死角，一直呈現圓潤的狀態。行拳也應如此，折疊翻轉處也應是圓轉自然的過渡。

圓潤，就使得太極拳有了鮮活感。

今朝有拳今朝醉

生存和生活是生命的兩重境界，生存需要解決的是吃飽飯、穿暖衣等保障生命體存在的基本條件。生活則是講究一定的品質、品位，包括身心愉悅、精神自由、情志、情懷等方式、方法。

太極拳是提高生命質量的一種修持方法，它屬於生活狀態的一部分。練習太極拳應該在生活享受的層面得到固定與發揚。我歷來不同意「刻苦」練拳的說法。練拳是一種享受，身心的雙重享受，不是辛苦的「活」。如果練拳長期受苦，不如不練。

太極拳在初練時，要學習一些要領、規則，這些要領、規則對於尚未完全掌握它的人來說具有一定的約束性。因此，練習太極拳所謂的「辛苦」是開始一個比較短的時間區間內，當基本動作與基礎要領掌握後，就會感受到太極拳帶來的自由與自在。

太極拳不同於其他運動，這種「約束性」的制約過渡時間很短，可以短到很多人不覺得它的存在。

有人在闡述自己對足球運動真髓的理解時說道：「足球是一種態度。」也可以從這一角度來理解太極拳，即練習太極也是一種態度。一種積極的、健康的、樂觀的態度。從練拳中獲得身心的快感與享受。這樣的態度對練太極而言，是一種大方向，相比較來說，那些技術、要領都

是一些枝節了，是容易解決的。

在這種態度之下，學習動作、要領的過程就是一種愉快的尋找真實的過程，而不是痛苦跋涉的艱辛之旅。這樣練拳，如飲甘露，如品佳釀，醉心其中，樂在其中。

始終要用一種愉悅的、享受的心態來練拳，太極拳就成為了你真正的朋友、有感情的朋友。太極拳中的快樂因素很多，我們要善於從拳法、拳理中去體味。能從拳中得到快樂的人，就是有大功夫的人，這比以拳施之於別人痛苦功深百倍。

「止戈為武」還不夠，還應「止戈為樂」。

太極拳是一種生活方式，這種方式的根本性在於，發掘人類自身的快樂因素，並將其最大化地融會在生活的各個環節之中。

一個人一生有太極拳為伴，多了一種樂趣。沒有感受到這種樂趣的人，一定是沒有得到太極拳的法要。

快樂練拳

看拳　聽拳　練拳

　　第一次看到大海是 1988 年的夏天，在海南島三亞。

　　那時的亞龍灣還是「無人地帶」，沒有一棟建築。大海與海灘以它原始的赤裸呈現在眼前，沒有任何裝飾。靜靜地站在海邊，遠遠地眺望，很感動。

　　後來多次在不同的地方看海，每次的感受都有不同。亞龍灣逐漸興起了很多豪華建築，變成了人群熙攘的休閒勝地，再在那裏看海則少了當初人在天地間的超然感受。

　　2001 年的一個晚上，夜深了，一個人靜靜地走在三亞

聽拳如聽海

海邊，四周靜悄悄的，微風掠過海面。坐下來靜靜聆聽，聽著海的呼吸，海的悸動，浩淼的澎湃，竟有一種觸及靈魂的心動。

忽然覺得以前自己對海的理解並不完整。「聽」來的海有著另一番「景象」。

要真正理解大海，不僅要看，還要聽。

太極拳也是一片海。很遼闊，很深。

要深入理解它，必須要「出海」，就是親身接觸，要不斷練習。還要看海，瞭解它的萬千氣象。也要聽海，聽它的「動靜」之機。

練拳、看拳、聽拳是掌握太極拳，特別是深入掌握太極拳必要的三種方式。

練拳是自己身體力行，是基礎，看拳和聽拳是為了更好練拳的重要補充環節。練拳是所有學習太極拳的人都會去做的一件事情，當然，如何練是有講究的。有的練得符合要領，有的練得不得法。

但不是所有人都會看拳和聽拳的。

跟老師學都要看，關鍵是會看，還要一直看，永遠不斷地看。會看就是不僅要看形，即定型動作，還要看態，即變化趨勢、變化態勢。還要看內，內氣以及意念的活動。看明白這三點就算達到會「看拳」了。看老師演示、示範，主要從這三方面「入眼」，如此就能看出名堂來。當你能看出老師的不足來時，你就出師了。

看拳不僅僅是初學時有必要，一直都有必要，即使到了很高水準，也應經常看拳。這就如同一位大書法家，他還要經常捧起法帖來，看一看。即使是大作家，也要經常

讀一讀其他人的書。拳家多看拳如同作家多讀書，其中潛移默化的作用難以用語言描述。2012年諾貝爾文學獎獲得者莫言從小就是個讀書狂，他哥哥介紹說：「小時候莫言站在門檻上看書，把門檻都磨光滑了。」「只要是帶字的東西他都看。」正是這種多看，才造就了他對文學的高度敏感性與徹悟。

看拳就是開放式的學習方法，自己「閉門造拳」是不可能出大功夫的。

聽拳，就是聽別人講拳，聽老師講要領，聽師兄弟談體會。靜下心去聽，感受他們的體會，再轉化成自己的體會。

會聽拳是一種功夫，要有耐心。可能一個動作聽若干人都說起，每個人都說了若干遍，但每個人說的每一遍都會有不同感受在裏面。聽拳還要會提煉，從別人講的東西裏面提取出來精華。要能夠對比，以別人的感受與自己的感受相對照，看自己練的是對還是錯、是深還是淺。還要會吸收，將別人講的好的、對的經驗，感悟、吸收成自己的東西。

看拳、聽拳、練拳缺一不可。很多人重視練拳，但對於看拳和聽拳重視不夠。三者的結合就是綜合性調動形象思維、邏輯思維與靈感思維，這樣就構築起了一個立體化學習太極拳的平臺。

和平養無限天機

「和平養無限天機」出自清代安徽桐城大學士張廷玉。道出儒學中和之妙。

太極拳不僅熔融了很多道家思想，也融合了很深的儒家精髓，「中」「和」乃最為突出者。

和乃和諧，中乃平衡，取乎中才能平。孔子曰：「喜怒哀樂之未發謂之中，發而皆中節謂之和。中也者，天下之大本也；和也者，天下之達道也。」

和平首先要心境的和平。練太極拳不可先存爭勝之意，不能把世俗的喜怒哀樂貫注在拳中。「喜怒哀樂之未發」，不是把它憋在胸中，那樣一定會岔氣走偏，很多人的病就是這樣憋出來的。而是透過練拳，進行疏導，培養正能量，消除負能量。

和平還要使得各種元素和諧相處。「發而皆中節」就是和諧共處。從大的方面說，就分為陰、陽兩大類元素，但在各個系統、各個類別中的表現卻又形態各異。比如勁力，分剛柔；比如呼吸，分吐納；比如步法，分進退；比如身法，有起落；比如技擊，有攻防。要使得種種因素，包括矛盾因素和非矛盾因素、此系統因素和彼系統因素都和諧相處，這就是一個系統工程了。從這個意義上來說，太極拳就是一種系統科學。

　　和平還包括不跟拳較勁。比如呼吸，如果整理，可以概括出若干種呼吸法，但歸根到底，就是一種——自然呼吸。許多呼吸方法，作為一些特殊的練習手段，作為一些過程，是可以去體驗的，但最終，長久運用的，還是自然呼吸，或者說呼吸自然。

　　太極拳的呼吸不是讓拳勢去配合呼吸，而是讓呼吸潤物細無聲般地滲透到拳勢中去，你練拳中覺不出呼吸就是自然，就是和平。因為不管你察覺還是不覺，呼吸，它都在那裏。

　　做到了和平地練拳，就能體會到拳中不可言說的妙處。

太極拳是一個系統工程

虛 空 的 實

　　虛實關係是太極拳中一對重要的矛盾關係，一舉動就會牽涉到它們。動則分陰陽，陰陽就有虛實。

　　重心的變化是最簡單的虛實變化，太極拳中還有很多不同層面上的虛實。

　　相對於「實」來說，「虛」很多人更不容易把握，會更多地產生歧義。

　　因為在日常生活中，我們遇到的「實」、運用「實」的方法比較多，而巧妙地運用「虛」是太極拳的一大特點，是太極拳智慧的一個突出體現。

　　虛往往與空相聯繫，經常放在一起來說。空是最徹底的「虛」，完全虛掉為「空」。

　　太極拳中的「虛」最基本的作用有兩個，一是為了向「實」做轉化，一是實現更高層次上的「實」，「虛空」是一種更加飽滿、更加渾厚、更加純粹的實。「虛空」就是完全的「虛」，同時它也是完全的「實」。所以，對於太極拳的每一個虛空，都要體會其中的實，這樣就達到陰陽完全的融會、和諧了。

　　比如一個簡單的拳勢動作，腳有一虛一實，手也有一虛一實，實的一方為重心的支撐或者勁力的實點，但虛的一方可能就是內氣運轉的實點，在重心、勁力的轉換中內

氣也在不斷地運轉、鼓蕩。善於找到「虛空」的實，就是太極功夫的體現。

從根本上來說，太極拳中的「虛空」就是「實在」。

由虛空中生出來的實不含雜質。「虛空」越徹底，「實在」越純粹。這就要求不僅僅是做到身體的虛空，而且身心都要虛空。孫祿堂說：「心中要有空虛之象。」

何為虛？身體是實實在在的，肉體是虛不掉的，所謂虛，就是身體的緊張點化掉，沒有了，虛掉。空是騰出空間，裝什麼？裝內氣，裝智慧。

虛為體，實為用。

鬆、空從形式上看體現「虛」的特性，但實質上為的

太極拳的虛空是一種
純粹的實在

是「實」。由鬆，使氣、血運行更加通暢，由空，開智、體悟，培養靈性，靈智的提升就是「實」。

如何實現虛空？這就是太極拳的練習作用，單純的肢體運動是達不到真正虛空的效果的，根本的途徑，是以內功的方法練習拳架。「拳論」所謂「妙手空空」，就是指這種練法。

另外，站樁是一種有效的方法。

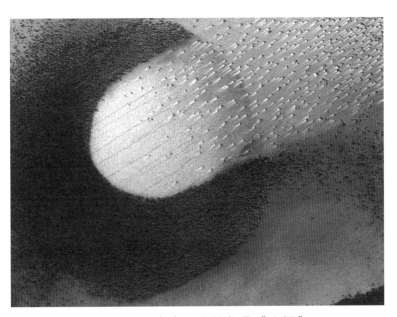

虛實體用　畫家馬永強作品《太極》

那一眼的神

江湖有很多英雄，他們的武器如他們的名字一樣響亮，因為那是他們的招牌。

所謂「招牌」，就是具有代表性的特徵，是深深烙在人們的視覺、聽覺和腦海深處的觸動。

李尋歡有「飛刀」，西門吹雪有「劍」，楊禹廷有「眼神」。

發現楊禹廷的「眼神」是在很多年前的一個夏天。一位朋友打來電話，說找到了楊禹廷先生練拳的一段錄影片資料，邀我去觀摩。楊先生為太極大家，但留下資料不多，以前看過他的一些拳照，錄像卻還沒見，於是欣然前往。

那是一段楊先生在中山公園的電影膠片錄影，畫面清晰，雖然只有簡單的幾個動作，但風采洋溢。

其時楊老年屆七十，身形硬朗，動作儉樸乾淨，光華蘊積，

楊禹廷太極拳勢

於回轉中眼神輕輕一瞥，神意無限。

以前看楊禹廷的拳照，就對他的眼神留有突出印象，看錄影感受尤其深刻。

那是動人心魄的一瞥，有如天外飛鴻，柔和、渾厚、犀利，是驚豔的一瞬。

武術講究精氣神，精氣神很大一部分內容是透過眼睛來傳遞的，眼神中蘊含了豐富的功夫信息，可以說，一個人的功夫高低，很大程度上是可以由其眼神來呈現的。由一個拳家的眼神，可以感受他功夫的層次。

武術的很多拳種，拳家的眼神是凌厲、銳利的，充滿殺傷性，一眼看過，要讓對手產生畏懼感，眼神也是武器。

太極拳家的眼神有所異同，所同的，眼神也是表現力量的一種方式，不同的，不是銳利的刺痛，而是一種直透心底的觸動，以一種包容的曠遠，消弭一切的肅殺與躁動。

太極拳家的功夫越深，其眼神越加含蓄，凌厲越加不著痕跡。拳家的眼神做到凌厲不難，拳練到一定程度，自然會產生外張的強悍，有的人怒目圓睜，凝神逸光，但這不是高功夫太極拳家應有的眼神。

太極拳的眼神應該是怎樣的？

首先，它應該是乾淨的，不留雜質。眼神不純淨，氣一定亂，雜亂則無章，神就散了。

其次，應該是含蓄的，不張揚。眼神張揚則神易外泄。

當然這主要是指在平時練習的時候，在技擊使用中，

眼神是要向外散發光芒及能量的，過去有武術家稱「能用眼神打人」，也是指這方面的意思。

另外，太極拳家的眼神是有活力的，有收放的，有穿透力的。練太極拳不能眼神迷離，神氣萎靡。

總之，太極拳家的眼神最大的特點是平和，平和中蘊含力量。

看楊禹廷先生練拳的眼神，有著濃郁的文氣，不著半分煙火氣。

這一看：

品竹調絲細潤物，

看盡繁華如落塵。

處處一太極

　　太極拳的理論基礎是陰陽，懂陰陽才能懂太極。陰陽理論的內涵很豐富，需要逐步深入、逐層理解。陰陽是系統中的兩個既對立又統一的元素，在太極拳中，不能簡單地把陰陽進行分類、對應。

　　明陰陽，關鍵在於明兩個東西，一個是何為陰陽，哪個是陰、哪個是陽？這個問題看似簡單，其實不然。因為陰陽因素是在不斷變化中的，在某一系統中為陰的東西，

太極拳每天個動作都是陰陽的組合體
北京吳式太極拳研究會演示

換了系統，就成了陽的東西，換了陰陽屬性。還有一個關鍵就是系統在哪裏？也就是陰陽在哪裏。陰陽是互不分離的，所以陰陽的共同體就是系統。

「處處一太極」是太極拳關於陰陽理論實踐的一個基本要點。

對人體而言，人身處處都是太極，每一個動作都是一個太極，每一式都是一個太極，人就是陰陽組合體，所以每一個動作中要處理好陰陽的相互關係，包括上下、前後、進退、攻防、動靜等。

「處處一太極」其實有著更微觀的涵義，就是人體的每一點都有一個太極，招勢的每一點也都有一個太極。

「處處一太極」，人體的每一點，結合招勢的每一點，就是「處處總此一手」，這一手就是太極手。整個人體是一個大太極，身體的每一個點是一個小太極，處處太極，處處弧形，大圈套小圈，循環無端。

「處處一太極」就是要把內氣運行到身體的每一個部分、每一個細節，「氣遍

拳到無極乃空

全身不稍滯」，啟動身體每一點的能量，讓活力充滿身體每一個角落。

練太極拳就是把每一點的「太極」陰陽練得和諧，陰陽和諧了也就是「無極」，無極狀態是有無相生的，實中有虛、虛中有實。到了無極狀態這一點，也就是「空」了，這就是太極拳要練「虛、空」的含義。到了這個程度，所有的圈都統一了，也可以說所有的圈都沒有了。

人與自然也是一個太極，天人合一，合於一個太極，這是「處處一太極」的宏觀意義。人體的陰陽和自然的陰陽相合，這具體表現在節令、氣候、環境等自然因素與太極鍛鍊相和諧，還有臟腑、功能等生命屬性與自然運動規律的契合。

練太極拳既要有宏觀的思維，也要有微觀的思維，從大處著眼、小處著手，方能得太極之妙。

天人合一練太極

《心經》與太極拳

　　海南三亞的南山寺我去過很多次。

　　每次去三亞，只要有時間，幾乎都會去走走、看看。南山寺內有一組臨山而立的《心經》書法石刻，空靈浩蕩，是其中重要的一個佛學文化景觀。駐足其間，領略精義，別有感悟。

海南三亞南山寺《心經》石刻

海南三亞南山寺《心經》石刻

　　南山寺雖然建立時間不很長，但與太極拳卻有了許多的關聯。2001 年，在三亞舉行首屆世界太極拳健康大會時，南山寺內曾組織過多場太極拳的演練與交流，交流大會的閉幕式就是在南山寺內舉行。當時南山寺第一次最大規模地面向世界展現就是和太極拳緊密聯繫在一起。致力於人的身心健康與精神的順安，這是佛學和太極拳的共同旨向。

　　其實，佛與道，在中國哲學、文化的框架內，很多地方是相通的，因為都是關於人的生命、存在、狀態的學問。作為中國傳統文化中關於生命現象和生命修持的核心方法，太極拳本身就融會了佛道精義。

　　太極拳與《心經》有沒有關係？從技術表面上來說，沒有太大關係。但從狀態、境界、修持方法來說，卻有著很大的關係。

　　《心經》是佛家的重要典籍，既是入門讀物，又含深刻妙蘊。它是佛經中字數最少、流傳卻最廣的經典，最能當得起言簡意賅、博大精深這幾個字。《心經》中的精義

有眾多專文研究，也一直為世人不斷領悟。而「空」「無」二門，卻也是太極拳的高妙境界。

《心經》闡發的一個思想，就是「身體是羈絆」，如何能擺脫這個羈絆，是獲得生命自由的一個關鍵。能做到「空」，是擺脫羈絆的一個過程，其中著名的「色即是空，空即是色」為精闢論述。

練太極拳就是擺脫羈絆的過程，在這個過程中最根本的是什麼？就是要能實現「空」的境界，「鬆」是一個基本前提，怎麼鬆，向「無」的方向鬆，這樣才能「空」。

在太極拳中，「色」就是拳招、拳架，「空」就是要徹徹底底、完完全全地鬆掉。招勢、動作鬆了，那些掛在肢體、動作上的僵力、僵勁就沒有著落點了，肢體鬆了，內部臟腑才能鬆。

精神也要鬆，精神鬆了，雜念、邪念無著落點，人就

透過太極拳鍛鍊，實現生命的自如

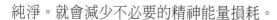
純淨。就會減少不必要的精神能量損耗。

　　練習太極拳的過程就是一個讓人的肉體、精神不斷淨化、純化、越來越乾淨的過程。

　　太極功夫練得好的人，他的氣場應該是一個純淨的氣場，你和他在一起就會覺得舒服。

　　疾病就是來源於羈絆，情志的羈絆、不健康習慣的羈絆，乃至不健康食品的羈絆等。日常生活中，緊張的身體習慣與心理活動，是最容易積累緊張的羈絆源泉。

　　這些羈絆是不容易去掉的，因為它們已經跟隨我們很多年，對我們的身體、生活具有很多誘惑力。習慣就是一種很大的誘惑。

　　太極拳的練習，在初期，很大程度上是建立起良性的誘惑，到更高層面上，是去掉一切誘惑，進入自然的境地。自然了，就沒有了羈絆，就空了，也就獲得了身心自由的空間。

　　太極拳的練習是我們後天進行改造的過程。運用減法原則，去掉多年累積的虛妄，返回先天的「無心」狀態。

　　練習太極拳就是一個自我清空的過程，從起勢開始，要讓自己處於「空」的狀態，放下雜念，把意識清空，身體的緊、僵去掉。到收勢時依然是「空」，沒有什麼，只是練了一趟拳而已，能到這般隨性處，離太極拳的真諦，就不遠了。

　　佛家講的心，是自性，自然。透過太極拳的鍛鍊，實現身心純任自然的狀態。

　　佛家講「渡」，《心經》講的就是從煩惱、苦痛、紛雜，向安樂、寧靜、智慧、感悟的彼岸「渡」去的要旨。

太極拳是以身心並練、性命雙修的方法來「渡」，達到身心的自由、生命的自如境界。

去虛妄，是達到智慧空明境界的必然過程，太極拳練習中虛妄的東西很多，從開始學拳就有各種虛妄在干擾，比如爭強好勝，比如形式化的優美，比如麻醉品般的感覺……這一切都是「相」，能不能破相而出，是能否登上太極大雅之堂的關鍵。

「般若」是智慧之意。什麼是太極拳的智慧？首先是放下，放下剛烈之意，放下爭勝之心，放下努氣的張揚，放下過分的揮灑。

拳有形。拳也有心。

練習太極拳，靜下心來讀一讀《心經》，會有一定的益處。

【附錄】《心經》全文（玄奘法師譯本）

觀自在菩薩，行深般若波羅蜜多時。照見五蘊皆空，度一切苦厄。舍利子，色不異空，空不異色，色即是空，空即是色，受想行識，亦復如是。舍利子，是諸法空相，不生不滅，不垢不淨，不增不減。是故空中無色，無受想行識，無眼耳鼻舌身意，無色聲香味觸法，無眼界，乃至無意識界。無無明，亦無無明盡，乃至無老死，亦無老死盡。無苦集滅道，無智亦無得。以無所得故，菩提薩埵，依般若波羅蜜多故，心無掛礙。無掛礙故，無有恐怖，遠離顛倒夢想，究竟涅槃。三世諸佛，依般若波羅蜜多故，得阿耨多羅三藐三菩提。故知般若波羅蜜多，是大神咒，是大明咒，是無上咒，是無等等咒，能除一切苦，真實不

虛。故說般若波羅蜜多咒，即說咒曰：揭諦揭諦，波羅揭諦，波羅僧揭諦，菩提薩婆訶。

唐代大書法家歐陽詢書《心經》

太極拳的三層九步功

學練太極拳要選擇適當的流派，要有好的老師，還要有科學的練功程序。適當的流派最重要的是自己喜歡，符合自己的性情特點和生理特點；好的老師就是功夫好，懂拳理；科學的練功程序就是依照太極拳的原理、技術特點、內在規律，按照一定的順序，循序漸進來練習。

《太極拳論》中說：「由著熟而漸悟懂勁，由懂勁而階及神明。然非用力之久，不能豁然貫通焉！」基本上說明了傳統太極拳練習的一般程序，即招熟、懂勁、神明三大步。但該論述只是總綱，並未詳細展開，各門各家可能在具體要求上有所差異。

這三大步驟如果再細分一下，可歸納為九個環節，總體上可稱為「三層九步法」。

第一層——招熟

第一步，動作的基本要領熟。可以先不急於練套路，在練套路之前，要把太極拳的基本要領搞清楚。可選取太極拳中比較典型的動作，比如「雲手」「攬雀尾」「如封似閉」等，透過典型剖析，掌握基本要領。磨刀不誤砍柴功，這一步開始多下些功夫，對太極拳有了正確的感性認識，後面學習更加準確。

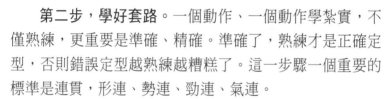

　　第二步，學好套路。一個動作、一個動作學紮實，不僅熟練，更重要是準確、精確。準確了，熟練才是正確定型，否則錯誤定型越熟練越糟糕了。這一步驟一個重要的標準是連貫，形連、勢連、勁連、氣連。

　　第三步，拆招。拆招就是應用，進入理法合一的層面。對每一拳勢可拆開練習，由連到拆，會拆會連。明白每一勢的練法、用法，每一勢的不同與相同。會打套路只是學會了形，會拆招勢才是學懂了形。

第二層——懂勁

　　第一層是太極拳的形態方面的功夫，第二層就是太極

太極懂勁乃得道　　翟維傳演示

拳內在的東西了。勁在每個拳種當中都有，區別開了勁，拳種才真正區別開。陳式太極拳講究纏絲勁，吳式太極拳講究綿化勁。懂了勁才算行家。

　　第一步，練明勁。把勁結合著形練，明著練勁。每一動作都有一種勁，把它張揚著練，強烈感受到勁的特點。這一步重點練掤、捋、擠、按、採、挒、肘、靠八種基本勁法，這是「八母勁」，各種勁都由它們派生。這是勁、形結合的階段。

　　第二步，練暗勁。把勁往形內練，勁不掛形。把一種

太極拳要意氣相合　　楊振鐸演示

勁在不同的動作中反覆練，這是勁形分離的階段。

第三步，練習各種勁。有的拳家把太極拳中的勁概括為幾十種，透過拳勢體會運用各種勁，並融會貫通。太極拳不管有多少勁，本質上就一種勁——陰陽勁，練到諸勁合一，就是真正懂勁。這一層需要進行一些推手的鍛鍊。

這一步重要是「悟」，太極拳論說「漸悟懂勁」就是指需要比較長的時間，反覆練習，逐漸揣摩，才能真正懂勁。懂了勁，就脫了勁。

第三層——神明

脫了勁，才能進入神明境界。這一層次，不強調勁，而重點練習意、氣、空。

第一步，意勁轉換。《太極拳論》說「用意不用力」，就是勁也不用，由勁向意的層面轉化。這一步，拳越練越輕，圈越練越小。

第二步，意氣相合。這一步重點練氣，以意行氣，以意導氣。意氣相生。逐漸去形，每一勢動作有了新的含義，一舉動，內外相合，身心相合。

第三步，空靈澄澈。這一步練拳，就是練簡約，由巧到拙，無形無象。是一個去拳化的過程，到了這個層面，拳無拳、意無意，舉手投足，無論練何種動作，皆為太極。此為神明階段。

三層九步功夫，需要循序漸進，所以拳論說「階及」，就是如同登階梯一樣，步步向上。要達到神明階段，不僅需要下功夫、花時間，還要勤思考、有悟性。除了太極拳本身，還要提升中國傳統文化的綜合修養。

太極拳家的氣度

太極拳家的氣度,是拳品也是拳功。

什麼是太極拳家的氣度?就是氣質與胸襟。

每個人都有「氣場」,其構成有形體的因素、有表情的因素、有精神的因素。氣度也就是人的氣場的影響程度。不同類型的人氣度不一樣,藝術家的氣度、軍事家的氣度、政治家的氣度是有差別的。

太極拳家雖然光華內斂,但蘊積無限　陳正雷演示

　　太極拳家的氣度首先是平和，能以平和的心態看待太極拳、看待世間萬物。還要從容，處變不驚，以從容不迫的狀態看待變化、應對變化。還要大度，能容人、能容物，能容拳。容人就會不斷學習他人長處，提高自己；容物就會善於從自然中體悟平凡而深刻的道理；容拳，就能吸收他拳的精華，自己練一個流派，要包容其他流派，能客觀看待其他流派的長處。還有一點很重要，就是要軒昂，不萎靡，不沮喪。太極拳家雖然光華內斂，但也是蘊積無限的。

　　練拳對人的氣質是有改變作用的。「相由心生」，太極拳主要練的就是「心」，磨煉心性，陶冶性靈。拳的功夫練到了內，氣質自然升騰，「腹有詩書氣自華」，身有

拳之樂，樂在其中，又在其補　劉綏濱演示

拳功氣更華。

也有一些拳家是沒有太極拳的氣度的，表現為氣機紊亂、固步自封、以偏概全、妄自尊大、急躁冒進等等。

太極拳家的氣度從外表是能看得出來的，所謂「發於內而行諸外」。沒有氣度的拳家，越練就會越憋氣，功夫越深，危害越大。氣散不開，憋在胸中，不僅容易傷人，更會傷己。

太極拳如何出氣度？

拳要練正，不走歪門邪道，不追求獵奇。太極拳一獵奇就流於下乘。要嚴格依照要領，堂堂正正練拳。

注重心性修養。太極拳練的是心，相由心生，「相」就是氣度。

加強理論修養，明理才知道應該怎麼練拳，為何如此練拳，才能把武練文，氣度需要「文火」養。

注意拳之外的修養。太極拳是一種綜合性的修養，在太極拳之外，多向大自然學習，多向社會學習，生活中處處皆「拳」。

真正能培養出拳家的氣度，還要端正練拳的目的。什麼是練拳的目的，恐怕不同的人有不同的答案，但很多人也會有相同的答案，比如健身、比如技擊等。但練太極拳的根本目的應該是獲得人生的快樂。孔子曰：「知之者不如好之者，好之者不如樂之者也。」「樂拳」才能「得拳」。有了這樣的目的，練太極拳就是一種人生樂趣、人生態度，就不會和人做無謂的爭勝，也不會違反自然去強迫自己。這樣我們修煉太極就會充滿活力，氣度自然從容，氣派自然宏大。

太極拳之收放

太極拳的收放是一對陰陽矛盾，處理好這對矛盾是練好拳架很重要的一方面。放不出去，就不舒展，氣魄不會很大，內氣也難以充分鼓蕩。放過了，沒有收，氣就散了，動作就垮了，內外也不會相合。

放，在動作上來講，要開展，肢體要放出去。收，就是在放中要有餘地，不能開到頂點，更不能僵直。無論多麼開展，肢體伸展出去有多大多遠，在梢節部位，都要保持一定的弧形彎度。

拳論曰：「放之則彌六合，退之則收藏於密。」這主要是講練拳之「意」。天人合一怎麼「合」，就是練拳要把意放出去，能放得遠，充塞天地之間，但同時又在人體之內，因為放出去的意的核心、

意能收放自如爲大極收放之核心　朱懷元演示

根基還在體內，是人的生命本體。

太極拳氣之放，就是人體內之氣和外界自然之氣有感應，甚至形成互動的循環，這樣能不斷從外界吸收養料，排除體內毒素。氣之收，就是收於體內關竅、經絡穴位等，人之內氣、元氣始終在體內周流不息，溫養臟腑。

太極拳全套動作之收，尤其要做好收勢。收勢不可急，要收得穩、收得住，把動作攏回身，把氣收歸位，把意收回來。

太極拳的收勢對於『收』十分關鍵 張勇濤演示

　　練習太極拳的收、放，可重點由練習起勢、收勢這兩個動作來感悟，太極拳起勢主要練的是「放」，收勢主要練的是「收」。有些人練太極拳對起勢和收勢不太重視，這是不得要領的。開始練拳，準備一定要充分，這種充分性，要由起勢表現出來，奠定一個良好的練拳基調。

　　練完拳後，一定要穩穩地、踏踏實實地收住，收勢要多用些時間，不要急於結尾，要像書法的最後一橫，頓筆頓住，再回鋒收好，靜氣凝神。太極拳收勢中一般手型都是合的動作，也是此意。

太極拳起勢與收勢外形動作類似，但收放要領不一樣　王二平演示

太極拳的「悟」

　　練武術向來是強調下工夫的，就是要有相當長的時間和相當多的數量練習累計，所謂「拳打千遍，其義自現」。但武術又不是一種簡單的體力活動，單靠「量」的累計，有時候不能產生「質」的提升。太極拳尤其如此，練拳的悟性是一個十分重要的因素。

　　《太極拳論》中說：「每見數年純功，不能運化者，雙重之病未悟爾。」其實要練好拳，需要悟的，豈止「雙重」？

　　要悟到拳，就要對拳有悟性。

　　什麼是太極拳的悟性？

　　對拳架的感性。就是對拳架、拳勢、拳的風格的直觀感受和體驗能力。就像開車時車感如何，射箭時手感如何一樣。對拳的感性就是你的身心對拳的契合程度。怎麼提高感性能力？最重要的就是心靜，心靜下來，你就能跟拳合得上。有感性，就能學會拳。

　　對拳理的知性。就是明白拳的所以然，一部分是來自於老師的教導，一部分來自於讀書研究。知性就是要深入理解拳，對它的練法、結構、來龍去脈要清清楚楚。有知性，就能明白拳。

　　對拳義的靈性。拳是有活力、有生命力的東西，規規矩矩練死拳，終究不能達到上乘境界。對拳的靈性，就是

練太極拳需要悟性　　祝大彤演示

把握它「活」的成分——它的靈魂。有靈性，就能通曉拳。

感性、知性、靈性，這三性的綜合，就是對拳的「悟」性。

有悟性，下工夫，花時間，就能練好拳。

概言之，太極拳的悟性，就是對拳的內核的無限接近的能力。這裏面包含有一定天生的能力，更有後天的綜合修養。

普陀山「心」字石　向人們提示以心悟天地之性

垂 露 懸 葉

　　失意的人說「造化弄人」，得意的人說「造化助人」。其實是「造化養人」。太極拳就是造化滋養的產物，不斷從造化中悟拳，便能得太極心法真諦。

　　「虛靈頂勁」是太極拳的一個基本要領，是太極拳身法的核心要求，也是太極拳內功產生的一個必要條件。還有些拳家認為應是「虛領頂勁」，虛虛領起之意。歷來拳家對這一要領的解析也非常多，各有各自精彩的領悟，有的逐字剖析，深刻入微。

　　無論是「虛靈頂勁」，還是「虛領頂勁」，關鍵點有幾個。一個是整體狀態不能僵硬，這個虛，不是虛弱，而是指身體整體的虛空狀態，身體僵硬就不能叫「虛」。一個是精神要提起，靈，就是要靈動，精神飽滿才能轉換得靈。還有一個關鍵點是身體狀態要鬆正、鬆直，要有挺拔之意。挺拔是建立在非常柔和的基礎上的，是「柔中寓剛」式的挺拔。「頂」，有多種解析，有人認為是百會穴要微微上領，有人認為是下頜內收，同時向上豎起脖子，使得氣達「頂」部。

　　其實要深刻、全面領會這個「頂」，它不是單向的意思，不是故意上頂，而是由內向外、立體化的張力，不是單獨向頭上「頂」，而是向四面八方「頂」，身體呈現一

種圓潤的飽滿，如同懸空的水滴。

故意單純頂百會穴是不對的，這樣就失之於「努」，並且在練拳過程中，也不可能做到隨時隨地去頂百會穴，真要這樣練習，不僅達不到精神提起的效果，反而容易練得頭暈眼花，出現偏差。

陰陽之理，萬物相通，「造化鍾神秀」，其實最能反映出「虛靈頂勁」狀態的就是大自然中的「垂露懸葉」現象。

一滴露水凌空懸掛在碧綠樹葉的葉尖上，這就是最佳的「虛靈頂勁」的狀態。

水滴飽滿、鬆空，是一種「虛」的狀態。這個「虛」，虛中有實，是一種實體的水，實中又有虛，是一

垂露懸葉呈現精妙的太極狀態，飽滿、鬆空、鬆直

種柔軟的實。水滴與樹葉之間，似斷還連，不緊不僵，處於意勁平衡的狀態。

最關鍵的是它的「頂」，它是向四面發放的鬆張，整體上拔開、撐開，向上也向下。向下是鬆沉的，由於向下的鬆沉，也形成了向上的頂，這種「頂」就是內生的、自然的、向上的「頂」，再由葉水交融處輕輕「領起」，靈動自然。整個狀態是安靜的，而靜中有動。

練太極拳不僅是一個內求的過程，還應善於外應。天人合一的真髓在於，不僅能「合」大，還能「合」小，更能「合」微。

練太極拳要有垂露懸葉的平衡狀態
關振軍演示

水 性 拳 花

古人用「水性楊花」形容一個人的不牢靠，作風輕浮、善變不穩，這是非常貼切的。

練太極如果不紮實，朝三暮四的，輕浮飄蕩，就成了「水性拳花」了。

太極拳有水性，但絕非「花拳」。

學習太極拳，開始選擇拳種、套路時，要結合自身情況和相關條件，仔細、認真選擇。一旦確定，不一定要

拳之法在於定　台灣雕塑家朱銘太極作品

「從一而終」，但入手練習後，就要有「咬定青山不放鬆」的精神，全身心投入，鑽研透徹。

其實，「水性拳花」的人不在少數。之所以如此，一個原因是練習不得法，練習一段時間，沒有嘗到甜頭，於是覺得自己選擇不對，就改練他拳了。

須知，練拳一定要有一定量的積累，練到一定的量，可能忽然有一天，感覺就來了。頓悟也是在不斷「悟」的基礎上才能「頓」的。

另一個原因是心浮氣躁，淺嘗輒止，剛有了一點體會，就沾沾自喜，又去「嘗鮮」別的拳套。

太極拳的功夫是分層次的，開始的體會，往往跟後來的體會不相同，所謂「日日練拳日日新」，剛有些體會就移情別戀，就失去了進一步深入挖掘價值的機會。每每從頭來，永遠得不到。

還有一種情況就是自以為是，認為掌握了太極拳真諦，要通曉天下太極，一個一個拳種套路練過去，成了浮在水面的「萬金油」，並且容易錯將表面當深刻，拳練成了殘花敗柳，毫無根基。

練好拳，第一步，要定。

也談太極十要

　　太極拳要領眾多，為使學者易於把握核心，前人總結了不同版本的「十要」論，其中以楊澄甫先生的「太極拳術十要」最為著名，總結了太極拳練習的十大方面，成為練習太極拳，尤其是楊式太極拳的指針圭臬。

　　不同流派的太極拳對主要要領的總結各有側重面，但在核心內容上具有高度的一致性。

　　太極拳的練習，對於核心要領的體會要逐步由淺入深，由外及內，整體領悟，法理合一。

不偏不倚為中　王西安演示

這裏根據內外兩方面特性，也列出太極十要：

一、中

不偏不倚謂之中。在形，八面支撐，飽滿，能呼應；在內，中氣充沛，流轉靈動。若無充沛內氣，縱然身形端正，不可謂中。中是一種從容的狀態，不缺憾，不鼓噪。

二、定

定形，形不油滑，油滑了，拳架雖然流暢，但不能固本，「拳油子」永遠練不到高境界。身形中正是定形的核心，無論拳勢如何變化，中正始終不變，這就是中定。

定心，無論風吹雨打，我自閒庭信步，練拳時心無旁騖，不練拳時心神安詳，波瀾不驚。定心既是功夫，也是涵養。

定能產生智慧，練太極拳達到了定，智慧之光便開始閃耀。

定心才能定形　路迪民演示

三、靈

拳要靈就要把拳練空，練得毫無障礙、僵力除掉才能靈。除僵力首先要實現真正意義上的整體運動，不可有局部動作，局部就是零碎，有「零」就不會有「靈」。

要靈必然要輕，不是沒有重，而是舉重若輕。行拳矯健敏捷，而不覺其動。

要靈必然還要虛，空而靈，虛而妙，虛心實腹，就是把心境涵虛，把肢體練堅實。

整、空才能靈　李經梧演示

四、靜

太極拳之靜是動中之靜，動態平衡為靜。形不能斷，意也不能斷，形意相合。

靜是充滿生機的動，在動中保持陰陽兩方面元素的和諧平衡，這樣的平衡能夠促使陰陽雙方的能量越來越大，動力越來越足，所謂「靜以致動」「靜中生動」就是這個意思。靜是定的基礎，靜了才能定。《道德經》曰：「致虛極，守靜篤，萬物並作，吾以觀其妙。」在靜定的狀態下，人的感知度會被放大，種種變化纖毫畢現，便能觀其妙。

動中求靜為太極之靜　楊振鐸演示

五、鬆

鬆不是故意做出來的，故意做的一定鬆不了。把內外的緊張點去掉，自然就鬆了。練拳時精神上先要放鬆，再逐步引導身體上的鬆。

在鬆中要特別注意上、中、下三節。上節鬆，頭頸鬆，鬆中有頂、有領，有向上之鬆拔，領起全身之神。中節鬆，主要是腰部鬆，胯部鬆，要鬆中有活，腰部為中樞，氣機轉換，以腰為軸，不活則滯。下部鬆，主要是腳、踝，要向下鬆沉，其跟在腳，要落根，要穩定。如此，含胸拔背的要領也自然落實，在三節鬆的基礎上把握整體鬆的狀態。

鬆不能懈，鬆中要有緊，保持一種適當的張力。鬆實際上是加強了對形體的控制力，而不是放棄控制力。

太極拳內外鬆暢　邱慧芳演示

六、順

太極拳的構造就是一種「順」的結構，讓人的身心向順的方向轉化，也就是向更加有序的方向變化。人剛剛產生時是最順的狀態，《道德經》說：「專氣致柔，能嬰兒乎？」就是這個意思。太極拳就是要後天返先天，找回嬰兒狀態。所以拳應該越練越順，如果覺得彆扭，那一定是要領有問題。太極拳的拳勢，無論是外形，或者是內在，都應呈現出順遂，處處皆順，整體如一。

《太極拳論》講「節節貫穿」「無使有斷續處」「如長江大河滔滔不絕」，這就是「順」。

順才能如一　陳正雷演示

七、沉

練拳之所以要沉，是符合人在地球上要適應地心引力的規律。讓內臟處於一種最佳的狀態中，讓拳練得有根。

身體重心要下沉，所以很多拳套的起勢要微微下蹲，就是強化這一點。更重要的，氣要沉下，一套拳從頭到尾，都是在沉氣、穩定的狀態下練習的。一些拳論中的「氣沉丹田」就是指整體上氣向下沉的狀態，而不能理解為氣著意地向小腹某一點去沉，如果這樣就容易出現偏差。

此外，心要沉靜，不浮躁。心浮則氣亂。

沉不是重心的無限制下移。拳架的高低要看自身練習的合適程度，並非越低越好。

心靜氣沉架勢穩　張勇濤演示

八、全

完整、飽滿即為全。形全，動作圓活；神全，精神飽滿。內外三合是「全」的基礎，肩與胯合、肘與膝合、手與足合為外三合，心與意合、意與氣合、氣與力合為內三合。內外三合達到，就使拳沒有缺陷處，沒有凸凹處。

全還指鍛鍊要全面。不偏陰，也不偏陽，傳統拳論認為「五陰五陽」為太極拳高級境界。

動靜結合是太極拳鍛鍊全面的一個重要特徵。除了有專門的動功和靜功練習外，比如靜坐、站樁來結合拳架一起鍛鍊。對每一個拳勢動作也要細心體會它的動靜屬性。

拳能「全」則能固氣，不散亂。

形態飽滿，神全氣足　傅聲遠演示

九、活

練拳要有活力，不能練得死氣沉沉的。內外兼修就是「活」，動作不癱，精神不塌，還要內外貫通，如同活水暢流。

動作還要活，不死板。太極拳不是定量的拳，沒有任何一個勢子規定手必須多高，腳必須多高，而是以「恰當」為標準，這個「恰當」是因人而宜，是跟個體的差異相關的。這就是「活」的尺度。

要做到活必須處理好虛實關係，虛中有實，實中有虛，有騰挪空間。

做到活還要處理好拳的空間關係，如上下相應。拳論曰：「如意欲向上即寓下意，若將物掀起即加以挫之之力；斯其根自斷，乃壞之速而無疑。」就是對空間關係的精妙論述。

太極拳充滿活力　吳文翰演示

十、應

應對，呼應。太極拳為應對之術，練拳即為應物，應物有方法，最大的方法是自然。

各個拳勢之間，每個拳勢的動作之間都要有呼應關係，太極拳的任何一動都不是孤立的。

「應」的一個核心是掌握開合的訣竅。各流派太極拳中，幾乎每個拳勢都有開合，掌握了「開合」，就掌握了太極拳最重要的基本練法之一。拳論曰：「動之則分，靜之則合。」太極拳處處不離開合。不僅動作有開合，臟腑之間也有開合，經絡穴位也有開合。隨著動作的開合，而體會內在的開合，是太極拳內功訓練的重要法門。

太極拳應物自然　白玉璽演示

太 極 之 圈

　　太極拳是一種弧形運動，拳勢的各種動作組成了各種大小不一、方向不一的圈。可以說，太極拳的每招每勢都是由眾多的圈構成的，練太極拳的過程就是在運化各種圈。因此，掌握太極拳圈的特性，是掌握太極拳的一個關鍵。太極拳中有「亂環」之說，就是講圈的環環相套。

　　太極拳圈有多少種？依照尺寸分，有大圈、中圈、小圈；依照空間方位分，有立圈、橫圈、斜圈。依照身體結構分，有內圈、體圈、外圈；依照屬性分，有體圈、形圈、勁圈。

　　這些圈中，形圈為基礎。形圈有上中下五圈，分別為頭圈、肩圈、胯圈、膝圈、腳圈。每個動作都要注意這五圈的運化，五圈之間還要做到相互協調，相互感應。

太極圈中有無窮奧秘
白玉璽演示

太極拳是由形圈來練氣圈和勁圈。

勁圈就是由圈來練勁，由圈的變化體會太極勁的蓄發相變。陳式太極拳中順逆纏絲就是由圈來練勁。它的一個彈抖勁的形成，就包含了形圈、勁圈和氣圈。如果只有形圈而無勁圈、氣圈，則太極拳沒有練到內功階段。

太極拳氣圈有三種：

內圈——氣運內臟的立體圈，其作用在於滋養內臟。

外圈——手、腳梢節圈，氣在梢節運行形成的圈。其作用在技擊中尤為突出。

身圈——氣遍周身形成的圈，以氣運身，達到以氣潤身。

氣圈中內圈、外圈、身圈互為相應。

氣圈最典型的是小周天，任督二脈構成一個完整的氣路，後面督脈陰升，前面任脈陽降，以意導氣，以形配合。練圈時，微閉口，輕合齒，舌抵上齶，接通任督二脈。

太極拳的圈許多都是綜合性的，具有多種屬性，比如小周天，為氣圈，同時也是前後立圈，又是身圈。

太極拳練習時，開始圈比較明顯，這是因為需要強化要領，也容易掌握，隨著練拳的深入，練圈的順序是，先大而小，再而無。到圈練沒有了，就是無形無象階段，功夫大成。太極拳諺語說「要想拳練好，除非圈練小」「要想功夫高，除非圈練了」。

太極拳要求用意不用力，太極圈的練習也要在意不在形。圈是依照太極拳要領練習自然形成的，而不能故意去畫圈。太極拳練到高級階段，點、圈、線是不分的，直中有圈，點即是圈，無極就是一個空圈。

放下便自如

我們是負重而來的。

開始時，我們不覺得重量。

儘管在咿呀學步時，一次次摔倒，又一次次爬起，有的只是超越和解放的快感。

漸漸地，重量成了負擔。「重量」的種類也越來越複雜。我們成了負重者。有的重量一旦背負，很難卸下，甚至一輩子都卸不下。

那些束縛我們思維、思想的負擔尤其難以卸下。

禪宗裏有一則著名的公案，有一位老和尚帶著小和尚徒弟遊方，途中經過一條河，看見一個妙齡漂亮女子正想過河，卻因水急而不敢過。老和尚便將該女子背起來蹚過了河，然後放下女子，與小和尚繼續趕路。小和尚不禁一路心裏嘀咕：師父怎麼了？竟然背著一女子過河？一路走，一路想，最後終於忍不住了，問道：「師父，您怎麼犯戒了？怎麼背了女人？」老和尚歎道：「我早已放下，你卻一直還背著放不下。」

這則公案講的就是放下的道理。

這是禪機，也是拳機。太極拳就是一種「卸」的藝術，讓你從容放下負擔。從心裏真正解決「放下」的問題。

太極拳一路練下去就是一路放下去。有的拳家說，太

極拳是減法練習。我們一生中有很多額外的、無意義的支出，這些支出耗費了大量的時間、能量，縮短我們有效的生命週期，降低生命質量。透過太極拳的練習，一方面，直接減少能量的消耗，並形成「節能」的正確行為舉止。另一方面，透過練拳，透過太極文化的體悟，形成我們能夠「放下」的思維和心境。

練太極拳放下什麼？

放下拳術套路。拳術套路是個過程，是種工具，透過拳套的練習，把身體練柔順，把心氣練平和。拳套如同橋樑，是通往對岸的一種方式，但不是唯一的方式。所以不能停留在橋樑之上，停留得過久，過於留戀，有時候會忘記了到達對岸的目的。

放下執著。練拳容易上癮，特別有了體會，有了效

真正放下才能練拳徹底　孫永田演示

果。上癮就容易執著，執著使人看不清很多東西。有的人執著於技擊，有的人執著於一門一派的理法。執著產生偏激，很難放下固有的東西，先入為主，自我封閉，難以進步。太極拳是一個開放的系統，具有廣泛的包容性，包容是進步的基礎。

放下功利。練拳不為成家不為仙，人成不了仙，成家也是一個自然積累過程。如果練拳就有成家的慾望，開始就用一個框框束縛了自己，一直依照成家的路數來練拳，偏離了太極拳自然的屬性，那永遠就會在這個框框裏面，成為太極拳的奴隸。有的人練了很短時間，剛知道些太極拳皮毛就自封太極名家，更是主動背起包袱，害人害己。

放下拳論。傳統拳論是前輩太極拳家對太極拳的精闢總結，對後人練拳無疑是具有指導意義的。但正因為拳論是拳家在練習太極拳中的切身體會，有很多論述是要有那種體會後才能悟到的，沒到那種功夫前，這些拳論只是起到引導作用，不是對號入座。

有的人學拳端著拳論不放，處處套用拳論，亦步亦趨，完全教條化了，這樣就受制於拳論。

啟功先生在講述書法臨帖時說，臨寫字帖，很重要一條還要能脫開字帖，不要受字帖的約束。練拳同理，所以對待拳論還要拿得起，放得下。拿得起就是真正理解它，放得下就是不被它所束縛。

透過太極拳的習練和體悟，我們會放下、應該放下的東西很多。

一旦放下了很多東西，我們會覺得生命的天地廣闊、自如了很多。

美人如玉氣如虹

　　在太極拳的名人中，鄭曼青先生無疑是最具文化修為者之一。

　　他對於太極拳有許多獨到的見解和貢獻。在技術上，「美人手」是其重要標識性動作，也是他的獨創。

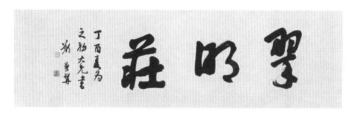

鄭曼青書法作品

鄭曼青繪畫作品

　　2009年5月，應邀參加主持香港傳統楊式太極拳國際論壇，期間與鄭曼青先生的重要弟子徐憶中先生就「美人手」問題進行了詳細的探討。後來徐先生又送了我一些鄭曼青先生的有關資料，對鄭子太極拳做了更深入的瞭解。

　　太極拳練習中「手」的作用很關鍵，大部分動作的主體是由手來完成的。當然手的運動必須與全身運動協調一

徐憶中拳照

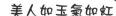

致，是全身性運動的一個部分。太極拳最著名的動作之一「雲手」就以手命名，突出其作用。

綜合鄭曼青先生和他的傳人們的論述，美人手的要點在於：

1. 在全身放鬆基礎上，手部感覺上要鬆柔，不可用僵力。鄭曼青曰：「手背筋不浮露。」

2. 手腕部鬆平，不出折角。鄭曼青曰：「腕背皆要自然伸直。」

3. 手法要乾淨，不可有零碎拙力，如玉之純淨，久練使人氣質高雅。

美人手的理論依據就是太極拳的「鬆」「柔」，要鬆徹底、鬆乾淨、鬆透徹。

練拳首先要做到鬆，在動作上就要輕，輕如美人捻物，不著力，但意念已到。梢節鬆的作用很大，手腕、手指如能做到鬆，就能有效幫助內臟的放鬆。在太極拳上有過長期實踐體會的人都能感受到，梢節鬆了，全身架子就能沉下去，氣就穩。此外要不遲重，要流暢，如美人之手畫過水面，有感覺，沒阻力。

手只是一點，更重要的是實現「周身無僵勁」。鄭曼青先生「美人手」說的是手，其實是講的一個道理，就是徹底放鬆的道理。

強調美人手的概念與作用，並非孤立地運手，相反，鄭曼青先生還十分強調「不動手」，即手不能自己運動，要隨全身運動而動。

「美人手」是鄭曼青先生整體拳學觀念的一個部分，體現的是一種「鬆暢」的理念。從手引申開去，其理法的

適用範圍則可擴展到身體的各個部分。因此也是一種理念，所以理解「美人手」，不要單純局限在動作上去理解，局限在局部去理解，而是作為一種太極觀念去思考。如果單純就手論手，就偏離了「美人手」的實質。

據鄭曼青弟子回憶，跟他推手時，接觸他身體如同觸

鄭曼青拳照

摸一團棉花，因其全身鬆透之緣故。

　　鬆、柔還只是過程和手段，根本目的在於內氣的培養。鄭曼青先生是注重太極養氣的，他認為內氣不能強行故意地去練，而應該養，就是在身體完全鬆柔的狀態下自然地培養、生成，這樣的內氣才渾厚、浩大。

　　以「美人手」之鬆、柔練法，來達到吞天地之氣的鍛鍊作用，這才是鄭曼青先生「美人手」的含義。觀鄭曼青先生練拳，從容儒雅，有逸興湍飛的宏大，而絕無張狂之態。研究、學習鄭曼青太極拳，從「美人手」要領出發，真正領悟其妙處，是一個很好的切入點。

　　「美人手」名稱表現了太極拳的柔和、優美，字義上雖有纖秀之感，實則練的是渾厚充沛的內氣。這點與太極拳的外柔內剛是一脈相承的。

飄 走 接

　　飄、走、接是一些傳統老太極拳家傳授的重要心法。
是內功練拳到了一定程度後，才能體會並專門訓練的功
夫。

太極拳要勁氣相接，才能飄飄欲仙　金一鳴演示

飄，是練太極拳要練得自己飄起來。不是身體飄在半空，而是身體練得很輕、很空，如同氣球，如同自己能飛翔般的自由，全身上下不滯重。對方推手，他外力來了壓不住。

「飄飄欲仙」說的就是這樣的飄，它是一種由身體內部萌發出的一種靈動。

這種飄不是表面上的向上「飄」，也可能是向下的、向四面八方的，是一種混元的。練拳練到有這種「飄」的感覺時，內功就基本具備了。

走，有兩個意思，一是自己勁氣在全身隨意游走，二是隨意化走對方來勁。勁氣在身體內游走，不是強行引導，而是隨著拳勢動作自然地「走」，練拳中如能「氣達梢節」，練習久了，動作一動，自然導氣在全身游走，就是所謂的「鼓蕩」。達到了「走」的程度，身體就練「活」了，如神龍，能化勁、能懈勁、能轉移勁，「引進落空」自然就行了。

接，是能接住勁，不斷勁。上一個勢子的勁和下一個勢子的勁、氣是相接的。還能準確接住對方來勁，接對勁點，把它納入自身勁力循環中。很多人練拳，表面上「式式」相連，其實沒有「勢」。動作外形好像是連貫的，但勁、氣是斷的，就是自身內部沒「接」好，當然也接不住外來勁力。

飄是一種整體上的感覺，走是與經絡相關聯的，接則是陰陽相互對應、和諧。

米芾書法與太極勁法

　　研習太極拳四大要素：拳法、勁法、行氣法、心法。

　　拳法就是練習拳架，這是基礎，好比容器，其他內容要裝在其中，學習太極拳要從學習拳法入手。

　　拳架是動作，如何運轉拳架，就要用太極勁法。所以勁法是拳勢的運用方法。太極拳的主要特點，就體現在勁法的運用上，它和別的武術拳種的最大技術區別就在於勁法。行氣法是太極拳的內功核心，是養生和技擊的內在根本，是昇華太極功夫的一個試金石。而心法則是貫穿在拳法、勁法、行氣法中的法則妙旨。

　　太極勁法的練習，一方面從拳架入手，傳統太極拳套路的設計，訓練太極勁力是其重要目的之一。此外，善於揣摩，特別是從其他中國傳統文化形態中領悟，也是一種有效的方法。因為許多中國傳統文化門類也都以太極陰陽理論為重要理法基礎，比如書法。

　　書法運筆與太極運勁有異曲同工之妙，如能觸類旁通，則為領會太極勁力心法之佳徑。書法運筆，以心法結合筆法，在宣紙上揮灑，或剛健、或柔美，或含蓄、或飄逸、或金戈鐵馬、或燕柳回風，體現了不同的陰陽變化與格局。在古代書法家作品中，米芾書法獨樹一幟，其運筆尤其展現陰陽剛柔特徵，是領悟太極勁力心法的優秀參照物。

　　米芾書法，動靜結合、沉著痛快、舒展暢達。不拘泥，能捨能取，氣魄宏大又不燥烈，浩蕩千里又溫潤雅和。米芾書法崇尚自然天趣，以書法來體悟人生，表達對自然和生命的感懷，有一種隨性的脫俗風範，這與太極拳的主旨一脈相承。

　　《吳江舟中詩》為米芾書法的精品之作。此帖為米芾晚年作品，書風成熟，意脈貫通，於痛快淋漓中顯現清古從容，用筆濃枯相間，疏密縱橫，返璞歸真。觀此字帖，處處能感受到太極拳行拳運勁的法度奧妙。

　　如開篇之「起」字，飽滿、沉雄，不急不徐，中鋒側運，如太極行拳勁氣隨形，外不出尖，內不淤節。

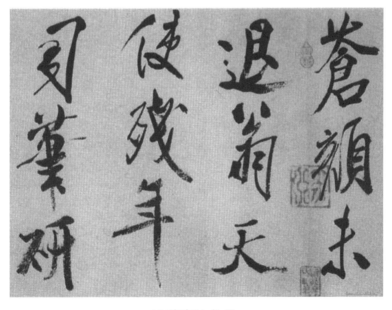

米芾書法作品

米芾《吳江舟中詩》字帖之「起」字

太極拳勢體現「起」之筆意勁法　李雅軒演示

　　第二句詩之「我」字，八面呼應，向背有序。勁氣主宰於中，而形於外，內外相合，周身一體。

米芾《吳江舟中詩》字帖之「我」字

太極拳勢體現「我」之筆意勁法　梅墨生演示

後部分之「戰」字，意氣飛揚、虛實相生、開中有合。太極拳之折疊、發勁之法盡含其中。枯筆處勁意湍飛，點、鉤如飛崖斷石，既凌厲縱放又蘊斂合應，放得出去，收得回來。

米芾《吳江舟中詩》字帖之「我」字

太極拳勢體現「戰」之筆意勁法　陳小旺演示

太極拳的氣感

　　常聽到有些太極拳習練者說：「我練太極拳有氣感了。」

　　也有些人說：「我練了很長時間太極拳了，怎麼沒有氣感呢？」

　　把太極拳的氣感作為一個很重要的指標來對待。

　　什麼是太極拳的氣感？

　　通常所說的太極拳的氣感就是在練太極拳的過程中，肢體上，比如手、腳、頭部等，或者身體內部，比如腹部、胸部等有了明顯的感覺，這種感覺包括熱、麻、酸、脹、抖、顫，甚至疼等。

　　是不是練太極拳有氣感就好，沒有就不好？

　　不一定。

　　太極拳的氣感是好事，也是壞事。

　　有氣感從某種程度上來說是好事，說明練太極拳有了效果，有了動靜，證明練拳有了內在的反應，說明外動引發了內動，總比死水一潭好。壞事就是如果過分追求氣感，就容易出現偏差，何況，氣感還有對與不對之分。需要具體分析氣感產生的原因。

　　氣感是怎麼產生的？它實際上是內氣萌動的結果。這種內氣萌動有兩個基本原因，一個是由靜而動，產生了內

氣。太極拳的柔和、連綿不斷、講究鬆空就會達到這種效果。還有一個原因是因為身體內部不通造成的，體內越不通的人越容易產生氣感，或者產生的氣感越強烈。這好比水管，如果某處堵住了，水流不過去，就產生氣的振動，振動越大，氣感越強烈。

　　所以對待氣感要具體分析，對於由靜生動的氣感，這類氣感多是熱、脹等，只要依照太極拳要領正常練習即可，不要過於專注氣感，要領正確，內氣自然沿著正確的軌道、也就是體內的經絡去運行，去按摩、滋養全身。對於因不通造成的氣感，這類氣感多是酸、抖或者疼，說明氣感強烈處有病灶，這樣就要有針對性的做些調理，開始在該部位的運動量不宜過大，而應循序漸進。

氣感是太極拳練習中的內動現象　李斌演示

　　如果腿部有病痛，開始練習時架子不要太低、步幅不要太大，有意識做些向下導氣的練習等等。如果頭部有酸疼感，練拳時就不宜意念過重。

　　其實氣感並不神秘，要想獲得氣感並不難，只要練習方法對頭，初學者練習幾天就可以感受到。

　　獲得正確氣感的練習重點有兩點，一是進行靜功鍛鍊，如靜坐、站樁等。人體會靜極生動，在身心高度放鬆、入靜狀態下，就會有內氣勃發。二是慢練太極。在慢中人的生命過程被放大，也更加敏感，對體內的各種感覺也更加細膩敏銳，容易產生氣感。

　　總之，對待太極拳的氣感，一不要過分追求；二要正確導引，使其順乎人體生命自然；三要注意控制，不要使它過於強烈，更不能使其在頭部盤旋過久。

撫 平 浮 躁

　　太極拳是一種心性的學問，練好太極拳需要一種好的心態。

　　我們的身心隨時都產生著浮躁，它給我們的生命帶來大量的「負能量」。我們因慾望而浮躁，那些可能實現的慾望，以及永遠不可能實現的慾望。我們還可能因為挫折而浮躁，因為浮躁可能帶來更多或者更大的挫折。

　　有位學者說，思考的目的在於撫平肉體的浮躁。這種撫平是不徹底的，太極拳則是以平靜來撫平身心的浮躁，是一種徹底的精神洗禮和生命境界昇華。

　　練拳時要入靜，入靜是讓精神進入一種空明的狀態。太極拳所有的肢體運動都是在讓身體放鬆，幫助實現精神上的入靜。

　　入靜的狀態是逐步深入的，開始達不到深層入靜，一個有效的辦法是「做減法」。有人說太極拳就是做減法的拳術，有一定道理。道家的思想，在一定意義上來說，也是倡導減法的。減法就是把複雜的事情簡單化，為什麼要簡單化？因為事物的本原是簡單的，高級的原則也是簡單的。

　　入靜的減法很簡單，就是逐漸減少紛亂的念頭、思維，把意識放在身體的內外感覺體察上，然後再逐步達到

沒有雜念。

　　練太極拳不能帶有很強的功利性。帶著成名成家的想法練太極，會以「名家」的框框把自己限制住，只是做給外人看，總想我這樣練別人會不會覺得好、會不會覺得有功夫，而不是去探索自己該如何練，逐漸迷失自性。太極拳也可以有競技，但競技只是它的一種存在形式，而不是它的根本目的。

　　太極拳的很多動作是具有導引順氣功能的，順氣就有撫平浮躁的效果，導引是讓身體逐漸有序化，有序化就是一種平衡狀態，在這樣的狀態下，體是鬆的、心是靜的、氣是順的、意是和的。

意和　氣順　體鬆　心靜　吳鑑泉演示

被誤解了的「立身中正」

　　立身中正是太極拳的一項基本要領。它的基本意思是指太極拳的練習狀態，要始終保持形正、氣正、意正，使身、心得到充分的舒展與安定、安穩。

　　但這個要領在太極拳實踐中存在一些誤解的現象。有的人將其理解為要求在太極拳每一個動作招勢中都要身體軀幹保持正直，這樣反倒會造成身體的僵直。

　　拳勢時時都在運動，軀幹不可能保持時時中正。太極拳中也有一些起伏、俯身動作，這些動作身體的外形變化比較大，軀幹保持正直是無法完成的。許多招勢練習時有蓄有發，蓄發之間身體外形有時也有偏離中軸正直的情況。如果一味要求身體外形要中正，就顯得十分僵化了，就會造成練拳時身體的緊張。

　　人體主要由頭部、軀幹、四肢幾部分構成，立身中正也是由這幾部分的綜合結構來完成的。單純以軀幹是否正直來衡量立身是否中正是不完整的。當然，我們也不能否認軀幹在「立身中正」中的重要作用，太極拳的許多要領都與軀幹相關。在立身中正中，脊柱是否能夠上下鬆直，並與百會、會陰等穴位相互對應，是立身中正能否真正實現的一個關鍵點。

　　立身中正不是時時刻刻保持身體外形中正，不能用靜

止的眼光去理解。太極拳的立身中正是一種動態的正，不
管外形如何變化，始終保持重心穩定、中心穩定、意態中
正。

　　立身中正還應注意身體四個梢節的作用，上梢節，為
頭部，要微微領起，虛靈向上。下梢節，為腳下，湧泉
穴，微微扣地，根於地下。兩手為中間兩個梢節，要能展
得出去，還能收得回來，有外撐內合之意。這樣全身呈鼓
蕩之勢，加之虛實變化有度，則立身中正就容易實現了。

立身中正貴在意態　門惠豐演示

太極拳與大小周天

大、小周天是道家內功中的一種基本概念與練法。歷來論述較多，在內丹學中大、小周天解析得比較複雜，層次很多，練習週期也比較長。

其實大、小周天並不神秘。

通常意義上的小周天，一般指由任督二脈構成的一個環形回路。任脈在前，氣行向下；督脈在後，氣行向上，如此循環不斷。

大周天是遍佈全身的經脈系統，內氣循行全身，範圍比小周天更大、更廣，故名大周天。大周天的循行路線、順序在不同的內丹流派中有不同的說法。一般指十二正經和奇經八脈。

小周天的練習需要一定的意念引導來進行，特別是在開始階段。等到內氣自然能沿著任督二脈運行時，意念可逐步淡化，乃至於無。

大周天的練習有兩種基本方式，一種是依照一定的路線、順序引導內氣循行全身，這種方法比較複雜，也必須對全身經絡、穴位有很清晰的瞭解。另一種方法是不刻意用意念引導氣運行某部位或某穴位，而是依照一定的要領整體鍛鍊，自然而然達到氣行大周天的效果。

太極拳理法源於道家學說，在內功練習上自然與道家

內功相通。

太極拳練習在小周天的鍛鍊方面有兩種方式：

1. 有意識練習小周天

可以適當在靜坐、站樁等靜功練習中，用意念導引內氣，進行小周天的運轉。

2. 結合太極拳的拳勢練習

一些太極招勢，在要領準確的情況下，能實現內氣自然貫通小周天。比如摟膝拗步、倒捲肱等動作，它們的內氣循行就可以沿著小周天來進行。

太極拳的一些拳勢有練習小周天的功用　王培生演示

在太極拳要領中，對小周天中的幾個重要穴位都有明確要求。如「虛靈頂勁」，與百會穴相關；「含胸拔背」，與膻中穴、夾脊穴相關；「沉胯圓襠」，與會陰穴相關；「以腰為軸」，與下丹田、命門穴相關。所以如果以內功的方式去練太極拳，這些關鍵穴位的作用是要重視的。

對於大周天來說，太極拳架練的就是大周天。不必刻意進行大周天的練習，太極拳的自然狀態就是通大周天。太極拳講究「氣遍周身」，就是大周天的鍛鍊效果。

在太極拳大周天的練習中，很關鍵的一點是「氣達梢節」。氣能到梢節，才能鼓蕩起來。解決了氣達梢節的問題，再解決了內氣順暢的問題，大周天也就練成了。

太極拳架的練習就是大周天的練習　崔仲三演示

不能承受之輕

　　《太極拳論》曰：「一羽不能加。」極言拳之輕。

　　太極拳的「輕」，在內氣不能有阻塞感，在形體上不覺其存在。整個一趟拳是隨心所欲的，心念一動，形之所至，根本不會有用力的感覺，而勁力自然在。所以練拳既久也不會覺得累。

　　從養生角度看，不能加諸己身。太極拳之輕，輕若無物，不僅一羽不能加，一塵也不能加，不能承受任何的附著物，此之謂「空」。

　　從技擊角度看，不能加諸他人。不加人以「重」，而以「輕」待之，對方也無法加給你力。

　　拳架子輕，這是

太極之輕，輕若無物　李雅軒演示

太極拳「輕」的基礎。第一步是退去拙力，不用力打拳。重要的是腳下要輕，一開始步子不要邁得太大。另外，出腳必有章法，不是隨隨便便就邁出去。隨隨便便就散亂，散亂就雜了，就無法輕。輕是在順的基礎上才會有，順的基礎是規律，當正確規律建立起來後，規律變得自然了，就「輕」了。所以拳架不規律是不會「輕」的。

另外，練拳不能急。「急」了就無法「輕」。急和慢是不一樣的，有人認為練慢了就不急了，這是誤解。有時恰恰相反，有的人練得越慢越急，就像登山，他總想儘快到山頂，你讓他慢慢走，他的形體動作是慢下來了，但每邁出一步都是急吼吼的。《太極拳論》說：「以心行氣，務令沉著。」這個「沉著」就是解決「急」的問題。

心中要輕，無慾，是根本。慾望滿滿，不可能輕。不管你練拳的目的是什麼，練拳時所有念頭都要放下。

太極拳之輕，不是輕浮，輕浮是無根的，輕浮著打拳是軟弱無力。真正的「輕」是把負擔去掉，把多餘去掉，於是你感覺不到「重」。

輕、靈往往是連在一起的，練拳久了，就會覺得神清氣爽，這就是「靈」。《太極拳論》說：「一舉動，周身俱要輕靈。」這個輕靈是貫穿始終的，從起勢開始，就不可有遲重感覺，那種劍拔弩張式的練法，自以為氣勢很大，其實是「重」的表現，自己給拳加上了很多「重」的成分，比如表現慾、比如追求「存在感」，這些東西反過來要用身心去承受，成為通往「無礙」境界的絆腳石。

拳　奴

　　練太極拳圖個自在，沒得到自在，就還沒有真正得到拳之三昧。

　　學拳從做學生開始，但不要從做奴隸開始。學形一定要模仿，模仿就要有模子，老師就是模子。現在我們有學習條件，還可以以很多拳家的圖片資料、影像資料做模子。照模出具、照虎畫貓是必然過程。

　　但太極拳不是複製生產的流水線產品，要能很快跳出模仿階段，進入到自主階段。

　　拳家有奴性。有的人甚至一輩子練拳未能擺脫奴性，很多拳家有奴性而不自知。拳家奴性表現有四：

　　1. **亦步亦趨，成為老師的奴隸。**

　　對老師所教，不經過自己的消化，完全模仿。包括對前人的亦步亦趨。

　　2. **生搬硬套，成為拳理的奴隸。**

　　對傳統拳理拳法，沒有深入領會真髓，只從字面、表面上去生硬套用、對照。前人說的不去深入思考對與不對，完全照搬，在練拳中完全生套。不管自己內心的真實感受，機械地以拳理為標準。

　　3. **循規蹈矩，成為拳架的奴隸。**

　　學成了拳架，也給自己背上了枷鎖。不敢越拳架一

步，手、眼、身、法、步，處處講究拳架的固有模式，似乎是講了規矩，其實為規矩所縛。

4. 固步自封，此乃自己束縛自己。

透過一段時間的練習，自己有了體會，有了經驗，這些體會和經驗甚至是很珍貴的、很好的。但往往容易沉迷其中，沉迷於良好的感覺，沉迷於如獲至寶的驚喜，不願意、甚至不敢再往另外的境地去想、去探索，怕否定了自己的所獲。於是就從此在自己畫定的圈子裏轉來轉去了。

首先要真正理解，太極拳是一種個性化的運動。這些「奴性」從根本上違反了太極拳「道法自然」的原則。

太極拳的練習是要深層地激發人的自然天性，而成了太極拳的「奴隸」危害極大，把精神逍遙的工具變成了沉重的負擔。

縱觀各大流派的太極拳，太極拳的規矩沒有絕對的，都給了學者以很大的自由空間。學太極拳要學規矩，也要學每種太極拳的「自由度」，在自由的空間中盡情徜徉。

宋代大文學家、大書法家黃庭堅在論述學書法的模仿與自主時說：「古人學書不盡臨摹，張古人書於壁間，觀之入神，則下筆時隨人意。學字既成，且養於心中無俗氣。」這也可作為我們習練太極拳的參考，道理同一。強調「觀之入神」，這樣才能「下筆時隨人意」。

清代書法家宋彬臣在《書法約言》中也解說了模仿與自然的問題：「用力到沉著痛快處，方能取古人之神。若一味模仿古法，又覺刻畫太甚，必須脫去摹擬蹊徑，自出機軸，漸老漸熟，乃造平淡，遂使古法優游筆端，然後傳神。傳神者必以形，形與心手相湊而忘神之所托也。」

　　學太極觀摩老師示範，也要「觀之入神」，而不能只是模擬其形，這樣才能「以形傳神」「乃造平淡」，擺脫奴性。

　　「我的太極我做主」。不做拳奴，是太極拳走向自如之境的重要一步。

在太極拳自由自性的空間中倘徉　田秋信演示

山寨太極

假貨太多。

太極亦然。

山寨版的太極拳到處都是，使得太極拳習練者往往照貓畫虎。

山寨版往往與真版有很大的相似度，有一定的欺騙性，不是專家還真不易辨別。山寨太極似是而非，流傳很廣，因此也危害比較大，已經成為影響太極拳健康發展的一種現象，練太極拳者不可不明察，一旦陷入山寨太極的陷阱，白費了工夫，還貽誤了自身。

山寨名師：

一個太極名家的形成，怎麼也得有十年二十年以上拳齡吧？「太極十年不出門」對普通習練者來說，沒有必要，但對於要成為太極名師的人來說，十年只少不多。現在一些人，剛練拳幾年甚至更短，就以名師自居，「太極名師」滿天飛，年齡從六七十歲到二十多歲不等。有人還編造師承、編造習拳履歷。

山寨理論：

故弄玄虛，把簡單的東西往複雜了說，把自己都沒有體驗的理法說得天花亂墜。或照搬前人理論，不懂裝懂。更有甚者，造詞、造句，隨意發揮，毫不負責。這些年，

有關太極拳理論方面的新詞層出不窮，很多人以獵奇來吸引眼球。

山寨套路：

傳統太極拳一個套路的問世，是經過千錘百煉，水到渠成而形成的。一個曠世太極名家，窮其一生，也只能創編一兩個套路而已。現在的某些拳家，隨意編寫套路，幾個月、甚至幾天就能編創一個套路，還都貼上一堆標籤，打著「簡化」「精華」「融合」等的名義。真正有價值的太極拳套路，沒有經過一定時間、一定人群習練、一定的科學研究、一定的專家論證是不可能問世的。

山寨功夫：

有的人把從老師那裏學的一星半點、一知半解的功夫，自行發揮，打著老師的旗號，把自創的功夫強加給老

真正的傳統太極拳具有廣闊的生命力

師，並將其傳給後輩。時間久了，歷經幾代，真成了「先師」傳下的功夫了。很多太極前輩大德，不明就理地「被功夫」了。

山寨太極以利為出發點，將太極拳完全作為現代商品，隨意摻雜商業化元素，以包裝為基本手段，不在拳法、拳功、拳理上下功夫，「功夫在拳外」，偏離了真正太極的基本框架與軌道。

隨著太極拳流傳越來越廣，人數越來越多，太極拳打假還真是個有很大難度的事。但不打，一定會影響太極拳發展的前景，成為將來的隱患。至少對很多太極拳習練者來說，增強自己對真太極的識別能力，是自我保護的一個基本方法。

太極拳的「爲」

　　老子說：「無為而治。」但道家並非是無所作為，關鍵是它的另一句：「無為而無不為。」

　　中國哲學本質上還是「為」的哲學，儒家的「中」是為，是為了系統整體的平衡，這個系統可以是人自身，也可以是整個社會。佛家也有「以出世的精神做入世的事業」，這也是一種「為」。道家倡導的是一種自自然然的

太極拳是一種健康積極、充滿激情的有為拳　傅清泉演示

「為」，翻譯成現代的話，就是追求一種阻力最小的為，消耗的能量最小，「為」的最大。

深受道家思想影響的太極拳所表達的也是一種「為」的思想。所以，練太極拳要有「為」的思想、「為」的態度。

太極拳怎麼為？

大的方向來說，就是始終堅持一種積極、樂觀、向上的練拳態度。

太極拳是完全符合人體運動規律的，符合生命健康規矩的，是一種簡潔大方的運動，而不是晦澀、難懂的。所以練拳的人應該是開朗的，長期練拳的人應該是光明的。

具體要領上也要體現「為」，就是要放開心胸、手腳。

到位：

拳掌手腳要到位，不能不敢前伸，把拳練得縮手縮腳的。有時候我們強調太極拳的「含」過多，使人不敢放手練拳，拳架小裏小氣，沒有到位，也就達不到應有的效果。形不到位，氣不能達梢節，就無法鼓蕩起來。

神全：

朝氣蓬勃，「不使有凹陷處」，不要因某一方面的消極情感影響了整體的神全。要消除不良情緒的影響。入靜是一種無為的狀態，要實現它需要以「有為」的手段。否則，任不良情緒發展，不僅不是無為，而是有害了。練拳中如何正確調整精神狀態，是內功的一項重要內容。要主動性調整，不能消極對待。

意足：

太極拳不提倡用意過度，但不是沒有意，甚至到了「有意無意」的狀態，也不是沒有了意，而是不用，不用不等於沒有。練習技擊上，要有臨敵之意。養生方面，要有導引行氣之意。意不足就會把拳練癟了。當然，意與形的匹配問題是太極拳的一大功夫，需要專門訓練。

能做到內外這些要素的「為」，太極拳就達到內外兼修了。

太極拳是有為拳，「為」什麼？為健康，為積極向上，為樂觀處世，為培育、培養和善用激情。

太極拳的「為」是建立在「無為」基礎上的，能做到太極拳的「無為」，就又是一種境界了。

鬆 而 能 起

　　鬆是太極拳的一個基本要求。做不到鬆，太極拳最基本的功夫就沒有達到。

　　什麼是鬆？就是沒有緊張，能放下。李雅軒先生提倡「大鬆大軟」就是徹底放下，完全沒有緊張。

　　鬆是逐步的，不可能一下達到徹底的鬆。一般人在沒有練太極拳之前，身心的緊張點很多，甚至以緊張為主。形體內外有很多緊張點，內部臟腑也有很多緊張點，精神、心理上的緊張點更多。形體上的緊張點容易造成身體肌肉、骨骼等方面的損傷；臟腑的緊張點容易造成內臟的各種疾病；精神、心理上的緊張點則造成人的焦慮、情緒不穩定，分析判斷決策失誤，甚至人格變異等。太極拳的

鬆而能起為鬆之要訣　郝宏偉演示

鬆就是要解決這些緊張。

　　一方面解決已經形成的緊張點，更重要的是解決形成這些緊張的原因。解決已經形成的緊張點透過練習太極拳架就能解決，既能解決身體緊張，也能解決心理緊張。而要解決形成這些緊張的原因，則要深入研究太極理法，明瞭太極思維，並貫徹到生活實踐中去。

　　太極拳包含了很多道家理論，也融會了很多儒家的學問，其中最重要的一條就是「中」，中和，守中。就是任何事情都要有一個合適的尺度和框架，比如「鬆」，要鬆得徹底，但又不能鬆得懈掉，鬆得垮下去。一個標準就是「鬆」而能起。

　　「鬆而能起」就是在鬆中始終保持一種張力，越鬆，這種張力就越強，它跟緊張形成的拙力完全不同。鬆而能起，就是身心雖然放鬆，但神采能飛揚起來，勁力能飽滿起來，架勢能舒展起來。

　　做到了「鬆而能起」，太極拳「鬆」的功夫才算到家，否則就沒有真正領悟太極拳鬆的心法。

　　要做到鬆而能起，一個簡單的檢驗辦法就是行拳中梢節始終有內氣關注。這樣就不會懈掉。

　　如何實現「鬆」？

　　行拳時注意鬆關節。「節節貫穿」不是鬆，是勁力傳導的方式，是整體性的要求。因此還要注意關節的鬆、關節整體的鬆。開始練習可以分開分別練習，但最終是要進行整合性放鬆。所以不能單純講節節貫穿，而要與完整一氣相結合。

　　鬆的目的是為了整體性、協調性，鬆不能損害整體

108

性，損害了整體性就做不到「鬆而能起」了。節節鬆，如果真要一個關節、一個關節去鬆，捨本逐末，反倒造成整體的緊，是緊張。

因此，鬆是一個整體性的東西，體鬆、氣鬆，是一種整體感覺。在此基礎上實現精神鬆。

鬆不是使勁向下墜，而是有彈性的，向下的時候還有向上的彈力，鬆而能起才是做到了真鬆。

調節呼吸是放鬆的一個重要方法。人的呼吸是一個綜合性的複雜過程，不僅僅是喉頭、嘴部的吐納動作，還連帶了眾多臟腑器官，所以調呼吸是進行放鬆訓練的有效手段。古人對此十分重視，也傳下了很多這方面的練法。

冥想也是放鬆的一種方法。特別是精神方面的放鬆。冥想之前，也要進行適當的形體調整，如靜坐、站樁等，太極拳走架動勢也是冥想的好載體。

節節貫穿的目的在於完整一氣　崔毅士演示

太極拳的意境

太極拳有沒有意境？講不講意境？

答案當然是肯定的。

初學太極，規矩最重要，沒有規矩不成方圓。中等水準時候，功夫最重要，下工夫，才有功力，太極拳才有了「用」。高級階段，意境最重要，意境是把功夫轉化為修為，轉化為生命元素的滋養天地，把「用」轉化為「不用」，不用之用，就是生生不已之用。

練太極拳是一種藝術創作。也可以認為是一種行為藝術，這種行為藝術可以給別人看，對別人起到感染作用。更重要的是給自己感受，是自己感染、感動、感懷。意境就是太極拳讓自己產生深刻感受的氛圍。

太極拳意境我認為有三重標準，一是渾厚、二是高遠、三是空靈。

渾厚，就是太極拳要練出內容，練出氣勢。太極拳雖柔和，但太極之理其大無外，其小無內。從拳架中要洋溢著無限生機與活力，內勁、內氣源源相生，並從自然界中不斷汲取養料。

高遠，即練拳的格局要大，不為功利所囿，情懷、胸襟要大，思維無限，眼界無限，高遠無所礙。有高遠，太極拳騰挪空間才大，以太極之道，行天地之間。

空靈，即練拳要有靈性，能返璞歸真，「空」是去掉後天的種種束縛，一種自由自如的境界。研習太極拳就是為了獲得身心的自由，進入空靈之境，才得太極自然之道。

練拳，一定要講究意境，在太極拳意境中錘煉得從容、大氣。

如是，拳為上品。

太極拳洋溢著生機與活力　李德印演示

相顧兩無言

　　一位作家曾經說，寫作其實並不是一件多麼了不得的事情，一個人，只要用真心，用真情，寫自己的感受，加上文字通順，就能寫出好作品，作家不見得多麼偉大。我是贊同這一觀點的，網路時代的發展也充分驗證了這一觀點。許多常人寫出了很精彩的作品。

　　我以為太極拳家也不應該把拳看得多麼了不得。太極拳為人而生，符合人的生命規律。一個人，只要靜下心，有著健康的心態，願意用心去體悟，加上日益積累的不斷練習，就能練好太極拳。

　　拳無好壞之分，練到了，有了身心的愉悅，就是好。

　　非要用某一種標準去界定拳的好壞，其實是不可能的，特別是在太極拳已經立體化發展的今天。

　　我喜歡一句詩：「相顧兩無言，不來忽憶君。」這是中國人交朋友的一種境界，有著淡如水的純與靜，唯其純，所以久，唯其靜，所以深。

　　人與拳的關係，不是機械拆卸的關係，而是一種融入性的關係。你中有我，我中有你，拳性乃人性。

　　把拳當作朋友，淡然相交，便水乳交融。

　　人與拳天天「相見」，不覺其存在。因為它就是你。

　　刻意求之，往往反不可得，要把拳看得淡一些，淡

了，可能就獲得的更多。

　　先把拳看輕，才能把拳練厚重。懂得了這個道理，也就懂得了拳對你的意義。

淡然練拳拳自重　孫德明演示

打人如掛畫

太極拳是具有獨特技擊效果的，這也是它迅速崛起武林、推廣社會的重要原因之一。太極拳的技擊特點鮮明，前人有很多關於這方面的闡述，也運用了許多生動的比喻，「打人如掛畫」是其中之一。

「打人如掛畫」比較貼切地道出了太極拳技擊的精妙。據董家傳人回憶，董英杰先生對這句話是十分欣賞的，多次進行講解，並身體力行進行示範。他在家中教弟子們推手，專門有一間房，牆上掛滿草墊，推手時將學生向牆上打去，無論對手在哪個方向，他都能應對自如地將其打向牆上，人如同掛在牆上，而草墊並不散落。

「打人如掛畫」，打人要輕。以「畫」比喻，言其薄、輕，掛在牆上，打重了一定掉落損毀。武術行家都明白，打人重容易，打輕難，必須要能收放自如，才能打得輕，這對功夫的要求更高，要有很強的對勁力的控制能力。

其次，打得要整。一下將對手擊出，不拖泥帶水，要乾淨俐落，沒有雙方的拉扯與往來。這就要求勁路清晰、果斷，勁路散亂就不能打整。要打整，不僅是自己發勁要整，還要將對方散亂的勁捏成一處，因勢利導，將其整打出去，如一幅完整的畫，貼在牆上。

第三，打得疾、快。慢是太極拳練習的方法，練時

慢、用時快。出手如閃電，越快才能打得越整、打得越輕，將打出之人瞬間如同一幅畫貼在牆上。

還要能領起來，提起來。拔掉對方根基，使其腳下虛浮，拎起來打，把他變成了「畫」，就能夠掛上牆。太極名家王培生先生曾說：「與人較技，要拿得起放得下。」能將對方領起來，這是一種綜合性功夫，是「引進落空」「四兩撥千斤」等方法的綜合運用。

打人如掛畫，說起來簡單，要實現這種功夫，則非到隨心所欲的程度而不能為。

打人如掛畫　王培生演示

虛虛領起才能靈

　　在太極拳中有一個很重要的要領，有兩種寫法，「虛靈頂勁」和「虛領頂勁」。從字面上看，還是有所區別的。在不同的拳論中，收錄的寫法不同，都有相當一部分拳家的認同。

　　拋開他們的不同，我們從太極拳的基本特徵出發，來正確理解這一要領，對練好太極拳十分有必要。

　　太極拳是講究「拔」的，「含胸拔背」是拔，「頂」「領起」都是拔，「拔中」，使身體的中軸保持正直狀態，這個正直還是要放鬆的，所以「中正鬆直」比較全面。

　　要實現中正鬆直，頭頂必須是「虛虛領起」，就是不能用勁，而是微微上領。究竟是寫作「虛靈頂勁」還是「虛領頂勁」並不重要，關鍵是把握太極拳空靈挺拔的要領。

　　「領」的不太用力才能靈，如果使勁上頂著領，就會產生氣滯於頂的現象，在內功就是出偏。

　　頭頂既要實又要虛，實就是有上領之意，一點領起，提起全身的精氣神，也使身形拔直。虛就是頭頂不能實頂，不能向上用力。

　　很多地方把「虛領頂勁」和「氣沉丹田」合起來講，

116

這是有道理的，前者是上虛，後者是下實，前者虛中有實，後者實中有虛，上下對應，身體中線就貫通了。頭為諸陽之所，腹部為坤，又為坎水之居，陰陽互動，內丹學上稱為「河車轉運」，而其中頭部虛虛領起有著關鍵性作用。

與頭部虛虛領起相對應的，還應該有尾閭的鬆垂，圓襠鬆會陰，這樣既能使上下氣機流暢，又避免了身體亂晃的毛病。

中正鬆直爲太極之要　劉樹春演示

練拳十大心魔

　　練太極如同《西遊記》西天取經，要不斷降妖伏魔。《西遊記》以外說內，表面上講的是三界五行的妖魔鬼怪，實際上還是透析了人的種種心魔。太極拳修煉過程也是一個克服種種心魔的過程。

　　其中最主要的心魔有十個方面。

　　1. 過分重意

　　意念過重容易出偏差。有人以為，傳統太極拳論中說「用意不用力」，就反覆強調用意，從一個極端走向另一

太極拳一通百通，一勢練好其他勢子就融會貫通　　楊靜演示

個極端，造成以偏概全。太極拳的用意是雲淡風輕的，若有若無的，意念重就滯，其危害尤甚於用力。用力只是功夫不高，用意過分則傷及精神。

2. 貪多求全

太極拳流派眾多，每一流派又有很多套路，每種套路又有很多招勢。可供選擇的餘地很大，那是對千萬人而言。對每個個體來說，最適合你的並非所有擺在你面前的。初學太極容易犯的一種心病就是割捨不下，看這套路好，那套路也好，前面的勢子還沒學好就想學後面的，學了拳術又想儘快學器械。

學拳一要沉住氣，二要能捨。一通百通是太極拳一個重要特點，練到一定程度就會深刻體會這一點。

練習太極拳要氣宇軒昂　呂德和演示

3. 萎靡不振

太極拳論中講究含、收的較多，這是針對許多人後天張揚的因素過多，透過練拳要懂得收斂。收的本質是「守中」，中氣充沛，再鼓盪全身，達到神全意足。有的人練拳，一味地「收」，不懂得「守」，精神不敢提起，彷彿神氣一抖擻就違反了太極原則。

實際上恰恰相反，練習太極拳就是要練得精神飽滿、氣宇軒昂，如果越練越萎靡則是適得其反、功得其反。

練習太極拳始終堅持要領，不著外相　祝大彤演示

4. 追求感覺

太極拳是內功拳，練到一定程度，必然會產生各種各樣的身體感覺。這些感覺有的正常，有的不正常。對於不正常的感覺就要及時糾正，否則越練越偏。即使是正常的感覺也是練拳的自然現象，不能過分去追求，過分追求感覺就是「著相」，就會「跟著感覺走」。太極拳要領是一致的，長久不變的，而感覺是臨時的，是不斷變化的，追求感覺就會失去原則，最終走入迷宮。

練習太極拳要勁意飽滿　趙幼斌演示

5. 軟弱無力

太極拳提倡「以柔克剛」，但並非軟弱無力。有些人練太極拳不敢用力，出拳伸腿軟塌塌，這樣越練越鬆垮，這是沒有解決好「柔」和「弱」的關係。

太極求柔但不求弱，是透過練柔，把弱變成強。其練習也經歷了用力、運勁、用意、行氣等幾個過程。特別是在練太極拳初期，不要怕別人說用力而把拳練軟塌了。

6. 技擊唯上

太極拳是一種武術拳種，自然有很強的技擊功效。但有的人練太極拳一切從追求技擊效果出發，每一式必究如果技擊怎樣才能應用。如此，心中總有努氣，難以放平，難以放下，難以捨卻。

太極拳對於技擊的訓練是更高級的整體性能的提升，
而非一招一式的技巧　翁福麒演示

太極拳並非每個動作都有確定的技擊應用，有些動作是練功力、練敏銳、練意氣，是整體上提升身心的活力水準，這樣對健康、對技擊都有根本性的幫助。而過分關注每個招式的技擊應用，則流於表面，在練拳中也容易一葉障目，因小失大。

7. 出手怕錯

這是很多初學者最常見的心理障礙。這主要是把太極拳看得太難、太艱澀的緣故。太極文化很深奧，但太極拳是一種很「親民」的拳，學會並不難。

太極拳是一種放鬆的拳，學拳也要有一種放鬆的心態。幾項大的基本要領要掌握，動作上不要有太多負擔，只要符合基本要領，出手就是對的。步子的大小、手臂的高低都是細節問題，可以隨時間長久而慢慢打磨，那是如何練得更好的問題，而非對錯。所以保持一種輕鬆愉快的心態，大膽、放鬆地練拳，這才是太極原則。

8. 回避剛猛

很多人由於長期練習太極拳，學習了很多太極拳理法，柔、慢的觀念深入骨髓，於是把剛、猛視為洪水猛獸。其實太極拳不避諱剛猛，特別在技擊上。

柔、慢只是練習的方法，而不是終極目的。所有拳種，在技擊的最終環節上，剛猛的體現是不可避免的，以慢打快，是要比快更快才行，以柔克剛，是比剛更剛。透過練習太極拳身形應該更加敏捷，反應應該更加快速。

9. 故弄玄虛

太極拳以太極陰陽理論為基礎，在技擊、養生上具有突出效果。但太極拳是一門科學，有「法」可依，有

「章」可循，有「理」可析。有的人練拳中毫無根據地隨意演繹，故弄玄虛，將他人也將自己引入歧途。

太極拳有很好的養生作用，但不可能包治百病。太極拳有獨特的技擊能力，但也不是包打天下。只有客觀認識太極拳，才能科學地習練太極拳。

10. 急功近利

太極拳是「慢」拳，練起來慢悠悠的，它的作用、效果也是逐步積累、顯現的。它不是吃西藥、打點滴，很快就有效果。這種快速的效果，同時對生命機體也具有一定的破壞作用。

太極拳對生命品質的改善是長期的，它的作用過程也是長期的。練太極要有耐心、恒心，不能追求快速成功，而應追求長遠成功。

練習太極拳只有克服了這十大心魔，才能獲得正確心法，沿著正確的大方向不斷進步。

個性化的太極拳

選擇何種流派以及什麼樣的套路來練習，是學習太極拳首先要面對的一個問題。

太極拳流派的形成，最重要的有兩個因素，一是社會發展的推動，如社會需求、文化環境的發展、太極拳技術體系的衍進等。另一個是太極拳家個性化特徵的彰顯，如拳家的經歷、悟性、性格、學識等。因此，任何一個太極拳流派的形成，都融合了多種太極拳的技術、拳理，並且體現生命個性化的特徵。

各種流派的太極拳是生命個性化的表現形態
楊式太極拳　嚴承德演示

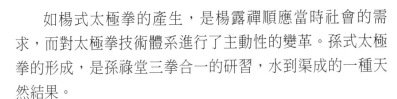

　　如楊式太極拳的產生，是楊露禪順應當時社會的需求，而對太極拳技術體系進行了主動性的變革。孫式太極拳的形成，是孫祿堂三拳合一的研習，水到渠成的一種天然結果。

　　每種流派的各種太極拳套路，在技術要領的核心要素上是一致的，如楊式太極拳的連綿舒展、陳式太極拳的剛柔相濟、孫式太極拳的進退開合等。但不同套路的練習側重點也還是有所差別的，差別之一，就是難易程度的不同。一些傳統太極拳流派的核心套路不多，有的只有一套，一般招勢比較多，七八十勢以上，為了便於學習和推廣，大都有一些簡化的套路推出。但簡化套路必須是由各

各種流派的太極拳是生命個性化的表現形態

陳式太極拳　李洪舜演示

126

流派的代表人物來主持或者參與進行，否則很難保證其套路的完整性與技術風格的突出。簡化套路也有一個「經典」問題，就是經過相當長時間以及相對多人的習練來檢驗，證明比較好的。比如以楊式太極拳為基礎簡化的「二十四式太極拳」、以各流派典型動作為基礎編訂的「四十八式太極拳」，都是經典的傑出代表。

選擇哪種套路來練習，其實應該分兩步來進行。第一步，入門。打基礎，要選擇相對簡單一些的套路，這樣容易上手，容易體會到要領，容易產生興趣。但簡單不能「簡陋」，基本的、核心的要領要有。其實太極拳的核心要領並不多，很簡練，眾多的技術都是在核心要領基礎上衍生出去的。就像八卦一樣，最基礎的就是陰、陽兩爻，然後是八個卦，為基本卦，也稱為「經卦」，再衍生出去

各種流派的太極拳是生命個性化的表現形態
吳式太極拳　翁福麒演示

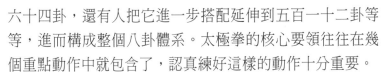

六十四卦，還有人把它進一步搭配延伸到五百一十二卦等等，進而構成整個八卦體系。太極拳的核心要領往往在幾個重點動作中就包含了，認真練好這樣的動作十分重要。

第二步，提高。要深入，要提高水準，這時候要選擇所習練流派中最經典的套路來練習，如陳式太極拳的傳統一路拳、楊式太極拳的八十五式等。當然，作為過渡，可以選擇在傳統經典套路基礎上編訂的「簡化經典套路」。這種簡化套路的編訂者，應該是權威部門，或者權威人士。現在有很多拳師自己隨意編訂簡化套路，結構上存在一些不合理、不科學之處，應注意甄別。

選擇太極拳流派和套路，基本上應該依照三個原則：

各種流派的太極拳是生命個性化的表現形態

武式太極拳　翟維傳演示

一是符合自己的需要，根據你練拳的目的，想要達到的作用、效果，分析哪種流派的太極拳最能幫助你實現這種效果；

二是符合自己的性格與愛好，找一些各流派名家的演練看看，哪種技術特點和拳架風格讓自己最喜歡。練拳不僅是一種功能性的需求活動，更要是一種發自內心的契合與嚮往，只有這樣才能長期堅持、自覺堅持，才能「人與拳和」，在練拳中實現自我、找尋自我、提升自我。

三是要有方便條件，如有好的老師教導，有相關資

各種流派的太極拳是生命個性化的表現形態
孫式太極拳　孫永田演示

料，有可以交流的拳友等。

太極拳流派表面上看是差別，實質上是個性。

太極拳練習從本質來說，是個性化的，無論開始選擇哪種流派、哪種套路，最終還是要「練自己的拳，把拳練成自己的」。對於大多數人來說，練太極拳不是為了參加比賽，而是為了健康身心、愉悅精神、修養情操，透過練拳來陶冶自己，也把自己的情感在練拳中進行運化、體味。因此，以個性化的姿態練拳是一件十分有意義的事情，只有這樣才能真正從練太極拳中得到最大程度的身心享受。

每個練拳者應該自問一下：我把太極拳練成自己的了嗎？如果是，恭喜您，您獲得了自己的太極心法。

實現拳人合一，才真正從中獲得了身心享受　李蓉演示

丹 田 論

　　從內功的角度看，太極拳是一種行功，有人也稱之為
「動功」，「流動性」是它的一個重要特徵。有外在的肢
體「流動」，也有內氣的「流動」。

　　太極拳又有「靜」的特性，在其理法中引入了一些中
國傳統靜功的修煉概念與心法。「丹田」就是引入的內容
之一。

　　關於丹田的概念，實際上在不同的太極拳家那裏也有
不同的認知。一般認為，丹田是指人體的具體位置，又分
上、中、下三丹田之說。

　　上丹田位於頭部，兩眉中間的印堂位置。道家又稱其
為「泥丸宮」，認為是天地靈根，藏神之所，神經中樞所
在。道家很多內功修煉方法都有上丹田練功方法。中丹田
位於胸部，為膻中所在，為任脈之重要關竅。下丹田位於
腹部，在臍下，有的稱之為「氣海」，被認為是藏命之
所，為「性命之祖，生氣之源，五臟六腑之本，十二經脈
之根，陰陽之會，呼吸之門，水火交會之鄉」。

　　太極拳架練習中，比較流行的是對於下丹田的關注，
在一些靜坐、站樁練習中，會有些涉及上、中丹田的練
習。最多運用上、中丹田的是小周天的練習。小周天是任
督二脈的貫通練習方法，上丹田、中丹田為必經之所。

　　太極拳中十分注重以腰為軸的運勁方法，下丹田在腹部位置，所以一些拳家主張「氣存丹田」「氣沉丹田」「意守丹田」或者「氣運丹田」，以丹田鼓蕩，來催運氣機。

　　太極拳中還有一種觀點認為，丹田只不過是一個抽象的概念，並非指某一具體位置，而是存氣之所。練太極拳到了一定水準，要實現氣運全身，因此全身「處處皆丹田」。

　　不管是哪個丹田，練習意守都要慎重。上丹田意守不當，會引起頭暈頭疼；中丹田意守不當，會引起胸悶心慌；下丹田意守不當，會引起氣流不暢，女性有的還會引起經血不調等問題。

丹田是道家修持的一個重要概念，在太極內功的鍛鍊中也被廣泛應用　玉昆子演示

特別是上丹田，一般不可意守。無數人的實踐表明，如果過分意守上丹田，容易產生偏差，特別是精神方面的，許多有潛在精神障礙的人，就是過分意守上丹田導致了病情的激發。

練拳的過程中，可以把丹田作為一種修煉過程加以體驗，但不可執著於一種方式，隨著功夫的進步，丹田的鍛鍊方式也要有所調整。

在練拳初期與高級境界，基本可以不用太過理會「丹田」之說，否則，丹田倒成了一個「緊張點」。

對於「意守丹田」，似乎支持的拳家比較少。因為太極拳是動態練習的，練拳過程中始終意守丹田，似乎也很難做到。如果強行意守，會大大減弱動作的鍛鍊效果。

也有的拳家堅決反對「氣沉丹田」之說，認為它違背了「氣遍周身不稍滯」的太極拳原理。

概括起來，以下丹田練功方法可供參考：

1. 在開始練功階段，可以適當運用靜功意守丹田和拳架動功氣運丹田相結合的方法。但意守的意念不可過重，只是若有若無之間。氣運丹田要與全身的氣機鼓蕩相配合。

2. 丹田的概念不要僅僅局限於下丹田，可以上、中、下丹田結合練習，但不同位置的丹田練功方法不一樣，要根據它們各自的特點運用恰當的練功方法。特別是上丹田的練習，如果專門進行鍛鍊，要有明白的老師指導，運用正確方法進行。

3. 太極內功到了高級階段，就是處處皆丹田階段，丹田行氣就是鼓蕩全身，氣遍周身。

開合玄機

　　有的拳家認為，太極拳全部精髓，就在「開合」二字，孫祿堂先生更是以「開合」作為孫式太極拳的技術靈魂，孫式太極拳也因此稱為「開合太極拳」。

　　開合就是陰陽，太極拳的各種圈也是由不同的開合組成的。開合是多方面的，手型有開合，步法進退也有開合，練拳時胸脊之間也有開合。從內功方面來說，丹田有開合，呼吸也有開合。可以說，太極拳中開合無處不在。

　　《太極拳論》中說，「動靜之機，陰陽之母」，「動之則分，靜之則合」，說明有動靜，就有開合，把太極拳的所有動靜都歸結、上升到開合的範疇中去。陳鑫說：「開合虛實，即為拳經。」並強調：「一開一合，拳術盡矣。」

　　瞭解每一個拳勢中的開合含義、開合練法、開合關竅，對於練好太極拳十分重要。

　　第一步，掌握拳勢外形動作的開合，這是最簡單、也是最基本的開合。動作的屈、伸，身形的俯、仰，腳的起、落都是開合。有些開合是有動作變形的，每個開合不一定是標準的拉開、合上，有各種角度、各種幅度的變化，有左右開合、上下開合、還有斜向開合等。

　　其次，瞭解人體內部結構的開合。太極拳運動以外動

帶動內動，肢體運動引導臟腑運動，臟腑的開合對於身體各部分起到「揉摩」作用，內部的開合就是用陰陽調和之力對臟腑按摩，改善其機能。

第三，瞭解練拳中氣機的開合。氣機的開合是無形的，卻是最重要的。氣機的開合有的和動作節奏是吻合的，有的和動作是脫離的。不同的動作，可能帶來的臟腑的開合形式也不一樣，但在氣機開合上可能作用是一致的，很多拳勢在氣機開合層面上是高度統一的。瞭解了這一層次上的開合，練拳的開合玄機就把握到位了。

不明開合，就不懂太極拳。在練習太極拳時，腦子中存有開合之意，辨識體內外開合感覺，體察整體的開合氣機，以人體之開合，對應天地之開合，如此，會逐漸登堂入室，體會到天人合一的境界。

開合乃太極玄機　孫永田演示

「文火」養武

中醫中有「文火」和「武火」的概念，武火猛而急，文火柔而緩。煎藥用火很講究，一般要求先用武火，再用文火，文火有溫養之效。

道家內丹術修煉，也講究文、武火候。武火通關，文火養和。

太極拳的練習也要文武並修，也需要「文火」溫養，這把「文火」就是文化修養。

太極拳是武術，但它具有很強的文化屬性。它的理論基礎是中國古典哲學的陰陽理論，它的拳學理法與中國文化許多門類的理論息息相關。太極拳創立之始，就具有濃郁的文化氣息。後來隨著太極拳社會功能的演變，其修身養性的功能逐漸突出，其文化屬性也越來越強，「文」的功用也越來越大。

良好的文化修養對於練好太極拳很有幫助。最直接的一方面，就是有助於對於傳統拳論、拳理的理解。很多傳統拳論涉及到許多中國古典哲學的概念、理論甚至分析方法，在遣詞造句上也較多運用了古漢語的修辭方法，要準確理解拳論中的精義，精深的拳學實踐水準和較高的文化修養都是必要條件。

另一方面，太極拳是身心並修的功夫，它對於心性的

陶冶是它「文」的屬性的一個重要內容，在修心的境界上，與中國傳統文化的意境完全相通。較好的文化修養有助於對太極拳意境的理解，而太極拳的意境與它的內功練法又是完全統一的。

如何提高太極拳的文化修養，一方面要加強拳學理論的研讀，另一方面，也要涉獵一些相關的中國傳統文化的知識。可以透過讀書、聽講座、交流乃至上網等方法拓寬自己的太極文化知識面，提高自己的太極文化修養。

文化修養不等於文化知識，一個碩士生、博士生的知識很多，但文化修養不見得就一定比一位普通農民高。歷史上有很多大武術家，沒有很高的學歷、文化頭銜，但卻有很高的文化修養，這種文化修養對他們太極拳功夫有很大的促進作用。

太極拳是一種文化拳　劉峻驤演示

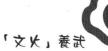

　　如陳王廷、孫祿堂等，我們從他們的詩詞、書法、文章中都可以看出其高深的文化修養。

　　沒有文化修養能不能練好拳？回答是過去行，現在不行。過去的太極拳以技擊為主，技擊是一種很強的實踐性的功夫，技擊當然也需要一定的技戰術理論素養，但體能與實戰經驗等方面可以彌補文化修養這部分不足。而當今太極拳已經發展成為綜合性的功夫，文化修養雖然不會像練功夫一樣有立竿見影的效果，但其長期的溫養作用也會十分顯著。

　　沒有文化修養，可以成為功夫高手，但難成太極大家。

　　要功夫練得好，境界練得高，必須要有文化，特別是中國傳統文化的溫養，文火慢烹，武功乃成熟。

太極樁功

練太極拳需要練樁功，已經成為越來越多拳家的共識。這是練太極內功、練意的必需。

太極樁基本可分為兩種，靜樁與動樁。

身體外形保持不動，或站或坐，澄心靜慮為靜樁。

在鬆、空、虛、靜狀態下練拳架就是動樁。動樁也有人稱之為「活樁」，步法、身法一直在動，練法比較活。

推手也是動樁的一種，所以推手不是技術，是功夫。技術更多的是要領和變化，功夫是需要積累。練樁功就是積累。

樁功從生理力學的角度上說，有一種動力定型的效果在裏面，透過樁功練習，把太極拳的結構性的動性強化、固定下來。從心理學上來說，有意念定型的效果在內。透過樁功的練

太極樁功　陳小旺演示

習，讓意念找到一種和諧的狀態，留存下來。

在太極拳的所有樁功中，站樁為最基礎，也是最重要的一種，應作為練習太極拳的必修課。武術中歷來有「百練不如一站」的說法，強調站樁的重要性。《黃帝內經》中有「提挈天地，把握陰陽」，是對站樁理法的闡發。

練習站樁功主要有四方面作用。

1. 入　靜

入靜的第一步，以體靜來幫助意靜，獨立守神，平和自然。

2. 理　氣

站樁把身體調整到一種最合理、最科學的狀態，使內氣萌生，並使氣自然運行於全身經脈系統，各行其道，各歸其所。

3. 固　元

「元」就是元氣，生命能源。站樁使得身體達到內外合一，是一種能量消耗最低的狀態，可不斷培育元氣。站樁就是一種養的練法，透過站樁可以站得周身一團，旺盛生命力。

4. 實　本

「本」就是本體，就是身體的各項機能。透過站樁可以體查身體內部的種種感覺，並進行有效調整，使肌肉、氣血、臟腑功能得到加強。

如何站樁，從形、意、氣三方面來注意。

形：要放鬆，身體不可出死角，有死角則容易造成形體緊張。處處圓潤鬆暢、舒展。頭頂微微上頂，湧泉穴下沉，尾閭鬆開，上中下一線。

意：不可重，若有若無，不能用主觀意識來強行引導內氣，站樁以虛、空、靜為主。

氣：氣要順，不可滯。不要造成局部的氣塞現象。站樁練的氣是混元之氣，陰陽協調之氣。

站樁中的形、意、氣是三位一體的，形鬆則氣順，意靜則神活。

站樁的一個顯著現象就是在很短時間內可以有各種感覺，比如身體一些部位的酸、麻、脹、熱甚至是痛等感覺，對於這些感覺，不要故意去追求，這些只是一些表面現象，隨著鍛鍊的深入，會逐漸褪去。如果沉溺於這些感覺，容易偏離練功的主要軌道。

活樁則是太極拳獨特的樁法，就是把拳架當樁功來練。這種練法速度要慢，細細體會每一動帶來的變化，逐漸地變化越來越小，人與自然相融合，物我兩忘。推手時將對手作為自己身體的一個部分，你可以隨他，也可以使他隨你，感受勁力的折疊變化。

把太極拳架作為動樁練習　馮志強演示

顧盼生輝

　　米芾為書法天才，其作品逸興湍飛、才華縱橫、筆畫多姿、顧盼生輝、神采飛揚。太極拳練到生動處，當如米字之神韻，拳法之顧盼與書法之顧盼有異曲同工之妙。

　　顧盼，首先拳要有生機，一舉動，手腳間要有內容。就像書法，線條要有活力，如果線條是死的、呆板的，就顧盼不起來。身體各部分之間要有呼應，彼此有照應，有連帶關係，這樣拳就不散，就是一個整體。拳論說「一動無有不動」，就是這個意思，雖然身體各部分動的方式、方向不一樣，但呼應關係在，就是一個整體。

書法之顧盼與拳法之顧盼，有異曲同工之妙

米芾書法

　　顧盼之間不能凌亂，呼應也不能是「亂點鴛鴦譜」，顧盼是有序的。行拳的每一部分都要嚴格依照太極拳的要領來進行，各自到位，整體才能顧盼。顧盼不是一堆機械零件的雜亂組合，而是在有規律、有法度集合下的靈動。

　　顧盼是內在神氣之間的貫通，不是簡單動作、形式上的對應。形式上的顧盼如果沒有內在神氣顧盼為根，練拳就成了機械動作，雖然精密、雖然吻合得很到位，但終究

太極拳身體各部分之間有呼應　蔣家駿演示

沒有韻味。

　　顧盼體現了拳的連綿不斷，太極拳環環相扣，圓圓相連，但肢體不可能總是連接，圓也是不斷地折疊、變化，但透過顧盼，把這些變化的過程也連續起來，不使斷掉，因此顧盼是氣韻層面的事情。

　　顧盼是貫穿在行拳始終的，不僅每一拳勢中各動作之間

顧盼有序　　劉晚蒼演示

有顧盼,一個套路中勢與勢之間也要有顧盼。顧盼還是一種綜合性的行為,包括了手法、身法、眼法等的共同運用。

練拳沒有顧盼就死板,缺少生動,有了顧盼才能生輝,才能生機盎然。

當然,顧盼生輝要防止流於浮華,把拳練「油」了,就偏了。

有顧盼拳才能生輝　張全亮演示

荷葉滾珠

　　「荷葉滾珠」為武術名家郭古民先生所提，用以描述武術內功修為的境界。郭古民精於八卦掌，對太極拳也有研究，曾任教於輔仁大學、北京師範大學，文武兼備，在傳統武術的理法發展方面有重要貢獻，著有《郭氏錦囊》

「荷葉滾珠」乃太極內功之法

傳世。

「荷葉滾珠」生動體現了太極拳的內功特點，學者仔細體察，當能悟出許多的精妙。

荷葉相當於人體的外形，不斷處於變動之中，上下起伏，左右回旋。上面的水珠，比喻為人之內氣、內勁，隨身體的變化而圓轉運動，即運化方式。

滾珠是圓潤、飽滿、晶瑩剔透的，太極拳之內氣、內功也應充盈、純淨，如水珠清澈無雜質。

行拳如荷葉滾珠　田秀臣演示

　　滾珠之「滾」十分形象，是沒有拙力的，不沾、不阻塞、流暢自在，是一種節省能量的運轉方式。

　　荷葉滾珠是一種「捨己」的方式，滾珠之「滾」乃結合拳勢之變化，順勢而為，隨曲就伸。太極拳內氣在體內運轉就是一種自然的過程，不能強行憋屈，不能努勁。太極拳技擊中與人交手，粘連黏隨，隨進隨退，不硬抗，不作為，而無所不為。

　　荷葉滾珠還是一種立體化的運動形態，四面八方，雖然柔軟，但充滿張力，無處不在，一處一太極，使內氣、人與自然皆相合。

　　當然，我們不要把內氣、內勁當作一點水珠不停地在體內游動，那就是從表面上來理解「荷葉滾珠」了。

　　生活中處處皆太極，如果我們細心觀察，能從自然當中悟到許多的太極真妙。

太極單操

　　很多人練太極拳習慣於打套路。學習太極拳總要學幾個套路，思想概念裏，學了套路才算學會了太極拳。其實這是學習太極拳的一個誤區。習練太極拳還有一個重要方式，就是進行單勢的練習。

　　太極單勢練習，也稱太極單操手，簡稱「太極單操」。

　　太極拳的套路就是由一個一個單勢組成的，每個單勢的環環相連，就構成了套路。

　　練好單勢是練好套路的基礎。而單勢也可以單獨來進行反覆練習。甚至在時間有局限的情況下，以習練單勢為主也是一種較好的方式。

　　在套路練習中，勢與勢之間的連接關係，包括轉折、承接等很關鍵，而這些連接性的轉折、承接在每個單勢內部結構中，在每一動的轉換中也都存在，細細加以體會，這種「動動相連」就能收到與練套路時「勢勢相連」的同樣效果。

　　單勢的練習相對套路而言，更加突出專項性，針對性更強。可根據自己的特點，對技術掌握的情況來選擇相應的單勢練習。

　　比如，要重點體會以腰為軸、手隨身動的感覺，就可以多練習「雲手」的單操，一次練習幾十個、上百個，感

覺就逐漸加強。

　　如果要提高平衡能力，就重點練習「分腳」「蹬腳」
勢子，左右腿交替支撐，配合身法、手法。

　　如果要體會練拳時氣的升降變化，就可以反覆練習太
極起勢，隨著手的抬起、放下，配合意念、呼吸，動作簡
單，但內裏變化明顯。

太極單勢練習要注意體會動動相連　孔祥東演示

太極拳的每一個勢子都有獨特的練習方法、特點和價值功用，都是不可替代的。選擇不同的單勢來練，效果也有所不同，單操練習對於勢子的功能有強化作用。

太極單操的練習，有幾點需要注意：

一是除了需要專項性的針對練習外，要重點選取那些最典型的勢子來進行，如「雲手」「如封似閉」「單鞭」等。

二是單操練習不僅僅是動態練習，也有靜態練習。靜態練習就是把一些單勢作為椿功來練。

三是單操練習不僅要體會勁路，還要注意體會氣路。每一個勢子體會它們的外形、變化、內勁、內功等方面，不能只從形體層面上重複，不能真練成「太極操」了。

練習單操，要把動作調好，要領找對，形成正確的要領定型，這是基礎。否則越練越偏離要領，那就「事倍功潰」了。

很多傳統太極拳家是十分注重單操練習的，吳圖南先生在教授弟子的時候就要他們反覆進行單勢的練習。太極單操是習練太極拳的重要方式，我們應予以高度重視，充分運用。特別是對於那些並不需要以套路形式來進行太極拳表演的人來說，多進行太極單操的練習是一種很有效的方法。

經梧內功心法

　　李經梧先生是太極拳家中大張旗鼓倡導內功的一位。他在20世紀60年代就公開發表有關太極內功的著作，闡述太極內功理法，比現在的很多拳家要早了至少四五十年。

　　他在內功上有著系統的思想，我們不妨稱之為「經梧內功心法」。經梧內功心法的核心，是根於太極拳，將太極拳的練習要領與中國傳統的養生思想結合起來，充分發揮太極拳的養生、康復、療病的價值，其傳人弟子們將他的太極內功稱為「集武、醫、道於一體上乘功法」。

　　經梧內功心法之一：意念內守。

　　內守是中國傳統內功養生的一個重要方法，用意念內視、關注身體。傳統武術多以技擊為要，意念中多為外向，而外向的努氣過度則容易散氣，對身體健康不利，一些技擊功夫高深的武術家健康狀況並不理想，這也是原因之一。太極拳提倡意念內守，實為養生大要。

　　李經梧在內功練習中專門提出了集中意念內守練習法，主要包括：1. 意守會陰法；2. 意守湧泉法；3. 意守命門法；4. 意守關元法；5. 命門湧泉連線意守法；6. 意守印堂法；7. 意守解谿法。

　　從李經梧對於意守法的練習要領講解中可以看出，這

是一套從上至下全身性的系統的內守鍛鍊方法，針對性地解決身體保健醫療康復問題。

經梧心法之二：導引呼吸。

李經梧總結講解了六種呼吸法，而每種呼吸法都以一定的意念和動作進行導引配合。這六種呼吸法為：1. 自然呼吸法；2. 引運氣法； 3. 抓閉呼吸法； 4. 喉頭呼吸法；5. 內轉呼吸法； 6. 沉氣呼吸法。

李經梧演示太極內功

李經梧先生認為，這些呼吸法，對各種內臟疾病有顯著的調節、治療作用。他在其內功論著中對每種呼吸法所對應治療的臟腑疾病均有說明。

經梧心法之三：拳功一體。

他認為，練太極內功和太極拳架缺一不可，如能有機結合練習，則可收到很好的技擊、健身效果。他說：「太極內功和太極拳是一個完整的功法，只不過分兩個方面來鍛鍊。單練內功可以治病、強身、保健延年，練習外功（太極拳）也可以治病強身，而兩者合一（內外合一）可以發揮兩者之長，鞏固療效、提高治療效果、加強保健預防的作用。又由於內功的鍛鍊而加強了拳術技擊能力。所以內外合一，是提高和加深功夫的重要關鍵。」

為此，他提出了「帶功練拳」的方法：「內氣充實後，方可開始帶功練拳。若內氣不足，則須重新練抓閉法充實內氣後，再帶功練拳，練習拳種可由簡至繁，姿式由少至多。開始時可練簡化太極拳、太極十三式，或其他各式太極拳中的部分姿式。」

經梧心法之四：動靜相生。

意守法和站樁法都是靜態為主的鍛鍊方法，太極拳架則是動態練習方法。

李經梧認為要鍛鍊更加全面，就要注意動靜結合，這樣能相輔相生。只專門練調息靜坐，而不使身體參加活動是偏差的。必須內外合一，動靜相兼進修鍛鍊，並提出了練習太極內功「在於由內外動靜結合到內外動靜合一」的過程。

李經梧將動靜練法進行了分級分段：

初級階段為練靜階段。要求以靜為主以動為輔，亦即在練初級功法時，輔以太極拳運動。此階段由兩步組成，第一步主以練神收心，也稱謂虛靜訓練。透過姿勢、呼吸、意守的鍛鍊來使心神安寧，修心養性，達到心平氣和。這裏所提的神就是古人所指的心神，由意守丹田和內視合一靜守，排除雜念，以恢復並增強體質，而達到治療目的，這就是「練神」。第二步主以練氣入靜。在練完第一步功，練神收心以後即開始練氣入靜。

中級階段為練動階段，以動靜並進，也就是太極內功和太極拳同時進行鍛鍊，並可開始帶功練拳，但不勉強，酌情配合。中級階段也分兩步，第一步動靜並練，在鍛鍊中內功和太極拳同時進行。第二步充實內部，即所謂神通於背，完成築基。

高級階段為練意階段，使精氣神合一，謂之深造階段，這是實現動靜相生的階段。此階段鍛鍊使精氣神三寶合而為一。以意行氣，氣通全身，周身氣血通暢，可祛病養生，益壽延年。配合太極拳，動靜相合完整一體，可加強內在爆發力，增強拳術技擊能力。鍛鍊也分兩步進行，第一步動靜合一，帶功練拳。在完成築基功之後，轉入深造階段，使動靜合一，即內功與拳合一。第二步煉精化氣，固精養神。練功達到這一步，功夫到身，身體強壯，由固精和練精化氣、練氣化神之法固精養身。

在練功姿勢上，李經梧將靜練式分為了坐練、臥練、靠練、站練三種。動練式分為單操練、帶功練、活練三種。其中活練式尤其具有高級心法的意思。

李經梧對活練式的解釋說，活練法是太極內功的高級

鍛鍊階段，練功達到這一步，功夫已經練到身上，這個階段沒有固定姿勢。這種功夫是看不到的，是無形無相的東西，用則有不用則無。鍛鍊中採用喉頭或意識呼吸法，以意行氣，氣通全身，帶脈充實。此時可以帶功練整套太極拳。平時更隨便，不必採用固定姿勢，可走路練、說話練、坐車練，即隨心所欲，不受時間、地點限制。

李經梧一拳八練之法

對動靜每種練法的時間，李經梧認為，練習靜功宜長，動功宜短；靠臥式宜長，站式宜短。他還在動靜的交替練習方面作了說明。

經梧心法之五：練養結合。

練與養，是一個平衡的結構，練是為了疏通，養是為了培育。一個是運用能量，一個是積蓄能量，這兩者之間要結合，要平衡。練要每日堅持，定時定量，養要結合身體狀態，有針對性地練，這樣才能把練轉化為養，把養運用到練。

練養結合的主要體現，就是練習內功。李經梧說，如果單練太極拳不練內功，尤其是太極內功，便不能使太極拳功夫深入，只有外架，沒有內在的意氣和技擊性的爆發力。配合太極內功練拳，不僅可以彌補單練中的不足之處，而且可以增加姿勢的優美、柔和、自然、沉著，毫無造作。久練太極拳者沒有不知道和不如此鍛鍊的。他將太極練習概括為「八練」，即「練內、練外、練靜、練動、練意、練氣、練精、練神」。

作為養的一個重要步驟，李經梧很重視收功，練完了收不住，效果就大打折扣。收功外形並不複雜，但意氣要穩，要到位。可以在不練時即停止收勢不練，兩眼慢慢睜開，兩手相搓發熱後撫摸面部，活動肢體即可。太極內功之收勢以意收住，身體直立，以意使氣下沉到腳心，活動肢體，散步。

概括而言，李經梧先生的太極內功是以太極陰陽平衡思想為核心，與太極拳要領練法相結合的一套系統的內練功夫和理法。

恰似拳的溫柔

「以柔克剛」「輕柔舒展」「柔和連貫」，太極拳要領中到處都有這個「柔」字，「柔」成了太極拳最顯著的標籤之一。

但很多人練了多年太極拳並沒有真正理解「柔」。太極拳是不是越柔越好？柔的目的是什麼？與柔相關的要領有哪些？怎麼實現柔？這些問題不解決，就無法真正掌握「柔」的要訣。

「去僵化柔」——柔的產生方法。

柔不是把動作慢下來就有了，慢下來、關節肌肉鬆下來還不一定是真正的柔，這些只是實現了「軟」。要做到柔，必須要把身體的僵力去掉。僵力是一種習慣力，多年長期養成的，要去掉也要逐步進行。

僵力造成的原因很多，不合理的動作、受到損傷的骨骼肌肉、內臟的病灶都會引起僵力。去掉僵力是一個長期過程，實現柔化也是一個長期過程，所以「柔」是有階段、有層次的。有時候還要摧僵化柔，僵得太厲害了，就要「摧」，摧毀一個舊結構，建立一個新結構，這就是太極拳對身體的改造作用。

「溫柔和暢」——柔的內在功效。

「柔」是需要「溫」的，「溫」就是溫養。柔不是乾

瘤的、冰冷的柔。柔情似水，其中就有溫。太極拳中的溫就是溫潤。透過柔，解決內氣不暢的問題，讓內氣和順暢達，這樣就對身體臟腑產生溫養作用。所以「柔」不是一種力學概念，而是一種功能性的狀態。

「**剛柔相濟**」──柔的成分。

柔和鬆實際上不一樣，而很多人會把兩者搞混。鬆要

溫柔和暢是太極拳養生之道　高壯飛演示

鬆得徹底，而柔還要有剛的成分，它和剛是相生相依的。

「百煉鋼化為繞指柔」，這個柔也是剛，是剛的另一種表現形態。所以在「柔」的同時不能失去「剛」，只不過剛是含在柔裏面。

「細膩柔和」──柔的本質還是在於練氣，因此「柔」要細膩。

拳的動作可以是很開展，甚至是很粗獷的，但內氣應該是細的，有的人練拳有活力，但躁，不細膩。細勻深長不僅指呼吸，還指內勁、指內氣。

拳的溫柔必須要以貼心的細膩去找尋、體會。溫柔能融萬丈冰，這樣練拳會讓你越來越溫暖。

勁的度量衡

　　勁是太極拳中最常用的術語之一，也是中國武術一個特殊的名詞。

　　太極拳中所說的勁，和日常生活中的同一詞有不同的含義。日常生活中的勁，主要是以大小來衡量的，說某人「勁真大」，那是真說他勁大了。

　　但如果在太極拳中，你說某拳師「勁挺大」，恐怕就是外行了，在真正行家耳朵裏聽來，會覺得你這是在罵他了。

　　如何來衡量太極拳的勁？

　　肯定是不能用「大小」來衡量勁的水準高低的。

　　力的量化標準比較明確，大小、方向、作用點，三要素。勁是一種「複合力」，這種「複合」比較複雜，並非簡單的很多股力的疊加，而是發生了質的變化。

　　太極拳公認的基本勁法有八種，即掤、捋、擠、按、採、挒、肘、靠。有人認為，太極拳要細分起來，有幾十種勁。陳炎林在其著作《太極拳刀劍杆散手合編》中就列出了多種勁法：沾黏勁、聽勁、懂勁、走勁、化勁、借勁、發勁、引勁、提勁、沉勁、拿勁、閉勁、開勁、合勁、撥勁、掤勁、捋勁、擠勁、按勁、採勁、挒勁、肘勁、靠勁、搓勁、撅勁、捲勁、鑽勁、截勁、冷勁、斷

勁、寸勁、分勁、抖跳勁、抖擻勁、折迭勁、擦皮虛臨勁
等。

　　每一種勁都有各自的特點，使用方法都不一樣。但不
管哪一種勁，用太極拳的原則、規律還是能度量它的水準
高下。

　　勁的度量衡之一：「整」的程度。

　　其屬性類似於力的「大小」，勁越整，威力越大。人
體的結構比較複雜，發勁也是一個綜合的過程，每一個招
勢都牽涉到全身的肌肉群，如果力量向各個方向分散，勁
就是不整，雖然局部力大，但整體勁散，主方向的「勁」
威力就小。很多拳家將練習者勁力是否「整」作為衡量勁

太極拳的勁是一種複雜的混合作用　馮志強演示

的水平最重要、最直觀的要素。

　　勁的度量衡之二：「純」的程度。

　　純就是不含雜質，純才能精。精純是勁的質量的標準。越純，使用起來越乾淨。有的人的勁拖泥帶水，採、捋不分，這就是不純。動作不清，就會造成勁的不純。太

太極拳蓄勁如張弓　王海洲演示

極拳的勁從根本上來說就是陰陽勁，一個勁中的陰陽成分
很分明，這就是純，練拳不能陰陽不分。陰陽的表現有多
種，在勁力上體現有蓄發、收放、吞吐、開合等。懂得如

運勁如抽絲　馬虹演示

何處理好這些陰陽因素，是提高勁力純度的要點。

勁的度量衡之三：「無」的程度。

無也是空，就是勁的莫測性，就是運勁過程中的狀態。「無」體現的是勁的轉化，越沒有「拙」的痕跡，勁越「空」，勁路的轉化水準就越高，使用得越乾淨俐落。

勁的度量衡之四：「準」的程度。

就是用勁的方法要對，該用掤時用掤、該用捋時用捋，用對了勁，勁的威力才能有效發揮，否則勁雖然整，但用的不對，則為對方所乘，反過來傷害自身。用準勁，就好像說手裏有了先進的武器，會用，用對目標、用對方向。用準勁是在前三方面基礎上，發揮勁力最大效能的方式。前三者為體，第四方面為用。

以上四方面綜合起來，就是考量太極拳勁力水準高下的重要標準。太極拳中論述勁的很多觀點，也是圍繞這幾方面展開的。比如「運勁如抽絲」，就包含了練整、練純、練無諸多功用在內。

讀帖與讀拳

　　學書法必須要臨帖，除了把字帖擺在面前，拿起筆來照著寫以外，還要經常看帖，仔細揣摩線條、結構、運筆、氣韻等，古人稱之為「讀帖」。書法家沈尹默先生所說「字外無法，法在字中」，就是強調讀帖的重要性。

　　看拳照悟太極心法，可稱為「讀拳」，學會從拳照中悟太極就是一種方便法門。

　　首先要選擇適當的拳照來讀，來揣摩。什麼是適當的拳照？至少有兩方面的標準，一是拳練得好、有內涵的拳照；二是自己喜好的風格，有興趣才能潛得下心去。

　　讀拳照是要講究方法的，方法對頭效果就好。方法不恰當，事倍功半。讀拳照依照以下的方法來進行：

　　1. **察看**：觀察、揣摩。要會看拳照。拳照是靜態的，但能反映出動態的訊息。讀拳照要能從靜態中看出動態來。仔細觀察，看出名堂來。在書法學習中，有經驗的書法家教育學生，不要著急動筆寫，要先讀帖，先觀察，再下手臨摹，這種方法對於學習太極拳也有意義。看拳照能看出東西來了，就是用心了，並且心有了效果，這樣再動手，就有所依照。

　　2. **比畫**：就是對照名家拳照來實際操練。如同臨帖，一動一勢，模仿名家的動作，外形到位，要領到位。由於

有了前面的觀察，在比畫的時候，腦子中就有名家的形象乃至神態，意到拳到，不求快，而求準，準確地把名家的氣派做出來。

3. **意練**：在大腦中練拳，想像自己根據拳照中的樣子來練。也稱為「意臨法」，就是用意念臨帖，用意念練拳，在大腦中出現自己練拳的形象。意練法是一種獨特的練拳方式，過去曾得到一些太極大家的推崇。

4. **領悟**：領悟其核心要訣，不只是從形上拷貝名家拳照，不生搬硬套，而是得其神韻，找出名家拳的規律，如立身中正是怎麼體現的？虛領頂勁又表現在哪裏？上下相隨是怎麼隨的？就是從拳照中領悟心法，有了心法，形態可以根據自身條件有所變化，但神髓不變。

學拳者應養成讀拳照的習慣，這樣會有潛移默化的作用。老師不可能時時跟著你，但名家的拳照可隨時讀看。把好的拳照帶在身邊，反覆讀、時時讀、有空就讀，這樣太極功夫就會在不知不覺中得到提升。

名家氣派需要學者細心揣摩　田秋信演示

太極是一道禪

　　賈伯斯一生做的最偉大的一件事情，就是在充斥著機器、電子、數字、訊息的空間裏加入了禪意，使得這些冰冷的東西具有了人性和生機，成為改善人類生活狀態的工具和途徑，實現了他「改變世界」的志願。

　　禪意是洋溢在那些冷冰冰機械形式之上的鮮活的介質，它是蘋果產品的靈魂。所以「蘋果」的系列產品有別於其他電子產品的最核心的一點在於，它不僅僅是人們使用的工具，也是一種生活態度，一種人與世界溝通、共振的方式，這是它的「禪機」。

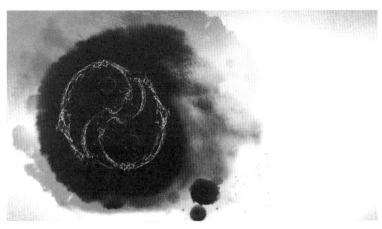

太極是一道禪

太極之於中國人，是一個不陌生的詞彙。

但對很多人來說，卻不是一個精確的概念。它身上好像總閃著一層斑駁的、玄秘的光，隨處可見、又很遙遠。

直到有了太極拳，總算使這兩個字有了實在的著落。說起太極，人們眼前就有了「拳」的影像。

太極拳的出現，也使得禪意有了鮮活而充滿生機的載體，這比賈伯斯的產品至少早了幾百年。

蘋果產品使用的是外在的物化的產品，而太極拳是運用人體自身的內容——形體、精神，來激發我們的靈悟，所以它更加貼近禪的本質。

拳是形，太極是質。太極拳不是簡單地把人體運動對應陰陽理論，而是把太極文化的靈魂熔鑄在運動之中，所以每一式的動或者靜，不是「表現」出太極原理，而是它就是太極文化本身。領會了這一點，就領會了太極的玄機。

太極是一種拳，太極也是一道禪。

顏真卿楷書與楊式太極章法

　　中國書法講究章法，繪畫也講究佈局。太極拳也有章法嗎？太極不僅有章法，而且很要緊。

　　於書法而言，章法就是點、畫、字、行之間相互的關係、關聯、結構，貫穿其間的就是一個「氣」字，章法合理，氣行其間，就生動活潑。太極拳的章法就是拳腳之間的呼應、連帶，招式之間的映襯，整個套路的起承轉合。

　　顏真卿為唐代大書法家，精通楷書、行書。其行書《祭侄稿》被譽為「天下第二行書」。楷書方嚴正大，樸拙雄渾，大氣磅礴，後世稱為「顏體」，其楷書與楊式太極拳章法有諸多相似相合之處。

　　一、端正　莊嚴大氣，從容穩定

　　顏真卿的書法氣勢雄渾，而端正為這種雄渾書風奠定基調。如顏真卿《麻姑仙壇記》作品，莊嚴雄秀，筆法化方為圓，中鋒藏鋒兼運，轉折不澀不滯。結體雄

顏真卿楷書《麻姑仙壇記》莊嚴大氣

楊式太極拳中正安舒　楊振鐸演示

強，字形各部分互為支撐，穩定從容。楊式太極拳中正為其基本形態，每一動拳腳起落皆以安舒為要，式與式連接不急不躁，整個套路顯示出從容氣派。

二、均勻　疏密得當，動靜相宜

顏真卿對於字形的均勻性有著異乎尋常的敏感性，無論行書還是楷書，對內在節奏的控制具有超凡的能力。顏真卿的《多寶塔碑》，結體嚴密，疏密有致，點畫圓潤，均勻端莊，靜中有動，生動多姿。楊式太極拳是一種體現

著均勻的拳術，練習從頭到尾，速度均勻連貫，沒有劇烈的變動，每一拳勢的定勢以及動態有疏有密，疏密互補，動中有靜，靜中寓動。均勻不一定是勻速，是在充滿變化中的一種有序的節奏控制。楊式太極拳的均勻性不僅體現在速度上，還體現在重心的處理、氣息的穩定，以及勁力上。

崇信女普意善來稽首咸捨珎財禪師以為輯莊嚴之因資藥堦之地利見千福默議於心時千福有懷忍禪師忽於中夜見有一

顏眞卿楷書《多寶塔碑》疏密有致

楊式太極拳均勻連貫　楊軍演示

三、飽滿　豪邁遒勁，隨曲就伸

顏真卿楷書總體上是寬闊豐腴的，但毫不軟塌，後人有「顏筋柳骨」之評，謂其內中含筋。顏真卿的《顏勤禮碑》即充分體現了這一特點，顏真卿寫此碑時為七十一歲，閱歷豐厚，心境灑脫，結字雄邁遒勁，筆法飽滿，細細領略有金戈長戟之感，劍氣縱橫。

顏真卿楷書《顏勤禮碑》豪邁遒勁

楊式太極拳柔和豪邁　楊澄甫演示

楊式太極拳特別是楊澄甫晚年定架的套路，結構樸拙，行氣沉雄，處處體現充盈飽滿，架式開展，無凹陷處，在柔和輕盈中洋溢著豪邁的氣度，飽滿而不呆板，有筋有骨，有形有氣，與顏字高度神合。

四、含蓄　柔中寓剛，綿裏藏針

筆法含蓄，結構謹嚴是顏真卿楷書的一大特色，而

顏真卿《顏家廟碑》勁氣直節，隱隱字間

楊式太極拳綿裏藏針　張勇濤演示

在字裏行間充盈著氣勢、氣節、氣派,作者之剛直與忠耿回蕩其中。如顏真卿《顏家廟碑》渾樸挺秀,謙謙君子,但「勁節直氣,隱隱筆畫間」。後人評論其書法:「點如墜石,畫如夏雲,鉤如屈金,戈如發弩,縱橫有象,低昂有志。」

「綿裏藏針」是楊式太極拳勁力上最突出的特點,在整個套路的練習中,每個動作都體現這個特點。含蓄蘊積,大巧若拙,不事張揚。推掌、出拳不到極限,但勁氣無限,外形處處留有餘地,又處處飽含張力。

五、流暢　生動激情,鼓蕩灑脫

流暢才能生動,一幅書法作品如此,不流暢則筆墨阻塞,氣亂且雜。一套拳也是如此,不流暢,內氣無法鼓蕩,形態拘謹,勁氣斷散。

顏真卿所書《郭家廟碑》楷書雖為碑刻,但流暢的筆法、章法依然充盈生動。

楊式太極拳行拳如行雲流水,暢快自如,如同書法之「落筆如雲煙」,提按頓挫,翻折推收,靈動自然。

顏真卿書法雖然莊嚴端正、宏大磅礴,但極富流暢性,這種流暢性的

顏真卿楷書《郭家廟碑》流暢生動

根本原因在於，他給線條賦予了生命力，充滿了情感。在顏真卿的所有書法作品中幾乎都熔鑄了作者的情懷在內。

　　楊式太極拳形態主靜，實則激情四溢。有的人練楊式太極拳只注意到靜，沒體會到生動，則不得精髓。它以柔和流暢的外在表現，激發內在的鼓蕩，這就更加透徹與深長，只有領悟了楊式太極拳之生動，才獲得了楊式太極拳之心法。

楊式太極拳生動而富於激情　　曹彥章演示

太極水中游

　　鄭曼青先生在太極拳理論上有很多獨特的貢獻，其中之一就是「陸地游泳」理論，這是鄭氏太極心法的重要一條。

練太極拳如陸地游泳　鄭曼青演示

在《陸地游泳》一文中，鄭曼青先生深入淺出地解析了太極拳之「水性」，比較了太極拳之「水性」與游泳之「水性」的差異。他特別強調了太極拳「專氣致柔」的特點，人以太極之法，在空氣中運動，猶如魚在水中游動，有積氣之用，達到專氣致柔的功效。

他精闢地指出：「空氣非空，正猶水然。每一運動，即覺氣之鼓蕩如游泳，吞吐浮沉，以及乎進退如游泳。」以此法練太極，能體會很多樂趣。

人皆視空氣為「無」，鄭曼青論述其為「有」，將大多數人忘記的，而又不可或缺的空氣，作為太極拳訓練的重要輔助內容，其稱為「積氣之法」，實乃實踐家與理論家思辨之成果。

深入研讀鄭曼青先生的《陸地游泳》，對習練太極拳，特別是對專氣致柔的深入理解有很大幫助。

【附：鄭曼青《陸地游泳》】

運動之最柔者，莫過於游泳，亦今日各國學術家所公認。以此可知柔即運動之妙法也。然游泳之流弊甚多，譬如沙眼及淋濁之傳染，喉腔及耳鼻灌水，以致發炎，或心臟衰弱，以致溺斃者之類，不一而足。此游泳之短也。然游泳之特長，其體用有二。一，在乎能久泅，是為體。二，在乎有長力，是為用。善泅及有長力者，皆為氣之作用所致。善泅者，必能宿氣，宿氣愈久則泅之能力愈增。有長力亦即宿氣所致，宿氣愈久，則呼吸之量亦隨之增強，呼吸之量增強，即氣力之長進也。所謂有長力者，即氣力之增長耳。故久泅及兼以氣力之增長者，其能善浮者

無疑矣。然合其體用之特長，不曰柔乎？此即老氏所謂
「專氣致柔」之法也。

　　太極拳之有以異乎其他運動者，以其能有專氣致柔之
特長耳。以能專氣致柔而論，則游泳不如太極拳。以其易
於增長長力無流弊而論，則太極拳又勝乎游泳遠矣。太極
拳又名長拳，所謂如長江大海滔滔不絕者，正形容其綿綿
不斷之意。綿綿不斷者，專氣致柔而已矣。此與游泳之作
用，無以異也。

　　魚其善游者也，生乎水而長乎水，其能知水之作用
乎？人其善行者也，生乎空氣，長乎空氣，亦不知空氣之
作用也。然則，魚離乎水則死，人離乎空氣則不生，此則
同也。然水與空氣雖不同，則需之者一也。人與魚雖不
同，易地而處則一也。是知人之有空氣，即魚之有水也。
我游乎陸地之上，作游泳觀，亦無不可。是以我之陸地游
泳之說作矣。人在陸地上，遊乎空氣之中，而卻忘其為空
氣者久矣。空氣之作用，更何論矣！大矣哉！空氣也，無
所不容，無所不包。至矣哉！空氣之作用也，無所不載，
無所不育，人知其然，而不知其所以然也。

　　軒岐以及乎老聃之說，闡發至為精詳，而人未能加以
窮究也。無縛雞之力者人也，有扛鼎之力者亦人也，人與
人同，而力之不同何相遠若此？力之本繫乎氣，力大者氣
壯，氣壯者，積氣之所致也。積氣猶積水然，積水淺，則
載力微，雖一盂一盤未易浮也。積水深，則萬鈞之航，猶
泛泛然不為重也。有扛鼎之力者，亦不過積氣稍深耳。苟
能知積氣之方，如積水，則其力可達乎無窮，扛鼎猶小言
之矣。積氣者，即積之於丹田。丹田者，氣海也，在臍下

一寸三分,其能喻之謂海,則其有容量可知矣,有載力可知矣,其大且深則亦可以知之矣。是無他,氣若能歸海,日積月累而弗輟,三年有成,則必大有可觀者矣。然則,此不過奪天地之氣,若萬牛之一毛,而有於我而已。

其積氣之方,將從何著手,而可使然也?曰:學太極拳之運動,其積氣之法,運氣之方,則可以溢乎筋絡,達乎骨髓,充乎膜膈,形乎皮毛,是為專氣致柔矣。專氣致柔之運動,最合乎太極拳之原則者,游泳而已。其能用力一分,則見一分之力。用功一刻,則見一刻之功。其進也日新月異,正未可量。

我是以取喻於太極拳,欲學者可以方物,易於領悟。空氣非空,正猶水然。每一運動,即覺氣之鼓蕩如游泳,吞吐浮沉,以及乎進退如游泳。苟能逮乎此境,則已非常人所能到也。

初學著手,可隨時迎風翻掌,拂臂舒拳,可以知風與空氣有若水者。極其至也,則知空氣重於水,且重於鐵也。空氣重於鐵,即我友曹仲氏,昔年以世界科學家之新得,告於余曰:空氣可使重於鐵之試驗,其法以一鐵匣,將空氣用極大之壓力裝入,旋即將此匣以作炸彈之用,則炸力遠勝於炸彈。余疑之,至今未釋。近自原子彈發明試用後,則空氣重於鐵之說,何足怪哉?太極拳之運動,為積氣而成,其力量較之積水載重為尤甚。此即專氣致柔,而能克制至剛之真理。作陸地游泳觀,思過半矣。

我行我速

　　行拳大的形態特徵主要體現在兩個方面，一是架式的形態，包括大小、正斜等；另一個就是行拳的速度。

　　什麼樣的行拳速度最合適？

　　太極拳的基本速度特徵是慢速、均勻、連貫。

　　慢速是相對於那些講究「以快打慢」「快速凌厲」的拳法來說的，與其說是讓速度慢下來，不如說是讓心慢下來，這樣才有時間去細細體味拳的奧妙。

　　均勻就是保持速度的穩定，不要有太大的節奏變化。有的人誤解太極拳的均勻就是沒有速度的變化，這是不對的。太極拳的速度變化體現在很多地方，比如陳式太極拳，快慢相間，一個套路中有很多段速度有明顯變化。即使是一般人認為速度變化很小的楊式太極拳中，也會有速度的變化，比如有快拳套路。

　　對於很多太極拳流派來說，過去一些拳家還倡導對同一個套路進行變速練習，來體會不同速度帶來的效果。速度可變，但均勻的原則不變。均勻就是即使變速也是依據一定的規律來變，有規律的變化就是均勻。

　　連貫，就是整個拳架是一以貫之的。沒有跳躍，即使速度變化也沒有內在的跳躍。連貫就是不斷氣，氣勢如虹，虹就是弧形連貫的。

要真正理解太極拳為何要慢，這樣才能把慢的妙處練出來，把慢的價值發揮出來。慢一是為了練「心」、練「意」；二是為了練「鬆」，這樣能夠達到更快。

太極拳講究慢，但也不反對快。

慢是一種節奏的控制，不是絕對速度。

技擊的最終環節還是要快。《十三勢行功心解》曰：「蓄勁如開弓，發勁如放箭。」所以太極拳技擊的速度法則是練時慢、用時快。傳統太極拳論中很多地方都有關於快的論述如：「力貴迅發，機貴神速，一遲即失敗，一迅疾即得勢。」「進如疾風吹人，電光猛閃，愈速愈好。」「起手如閃電，電閃不及合眸。襲敵如迅雷。」

太極拳行拳的具體快慢不能一概而定，要因人、因時而論。一般來說，在符合太極拳基本速度特徵基礎上，可參考以下幾條：

學拳階段，不要有太大的速度變化問題，宜慢速、勻速。具體速度快慢要根據自身體力情況、精力情況、拳法特點來定。

練拳階段，以慢為主，快慢結合，體會不同速度帶來的不同效果。速度的變化如同拳招的變化一樣，只是練習的形式。《太極拳論》所說「動急則急應，動緩則緩隨」，就是對這一階段的練習效果的描述。

修拳階段，唯慢唯上，一套拳可練5分鐘，也可練20分鐘，還可練一小時以上。這時候慢工出細活，出內功。因為這時候真正能慢得下來，也才能慢出東西。太極拳之慢練是將人體的生命過程放大、放細，能讓我們更加真切感受。這時候太極拳的勢子到位不到位，正確不正確，一

目了然,一心了然。太極大家楊禹廷先生專門講解過練拳要慢的道理,他說,練功時要在「鬆、柔、圓、勻」的原則下,儘量地把速度放慢,初學動作生疏固然要慢,學會後練功仍然要慢。太極拳能夠健身祛病的原因,決定於它是「以意為主,意形並重」的運動,換句話說它是「身心雙修」的功夫。因此,練功時不慢,則心不能靜;心不靜則意不能專;不慢,則氣不能沉,氣不沉,則周身不能鬆靜。「慢」是太極拳練「意」練「體」的關鍵。但慢中還要做到「內外相合、上下相隨」。對內力求「精神集中」「呼吸勻細」,對外力求「節節貫穿」「完整一氣」,真正做到「運勁如抽絲」「表裏精微無不到」。這樣練功,才能更好、更快地達到健身祛病的醫療目的。

我曾觀看一位八十多歲著名拳家練一套傳統太極拳,不停歇、慢慢練,用了一個多小時,並不覺得慢,有內容、有味道、有神意、有內功。

總之,在符合太極拳基本速度原則的條件下,用最適合自己的速度來練習最為恰當。

太極慢的妙處只有心靜才能體悟到 胡鳳鳴演示

無中生有

　　練拳即修禪。

　　在修行家眼中，禪是無處不在的，所以也無所謂在。此乃「無」的含義，但運動之中，無論宏細，方寸之間，浩蕩之外，皆是禪機，此乃「有」。

　　正因為前者的「無」，「有」才廣袤；也因為後者的「有」，「無」才乾淨。

　　在透悟了的太極拳家眼中，人的一舉動，皆為行拳，無所謂招式，拳理無處不在，這便是「有」，所謂的「拳

要從拳架的「有」體悟拳外的「無」　　賈樸演示

架」「拳式」，無非是「大有」之中的「小有」。

學拳可從「有」入手，最終要達到「無」的境界。悟拳要從「無」著眼，領會「有」的玄妙。

禪宗在講到修行時曾引用詩詞來說明禪修的三種境界，第一種境界是「落葉滿空山，何處尋芳跡」；第二種境界是「空山無人，水流花開」；第三種境界是「萬古長空，一朝風月」。

貫穿這三種境界的，是一個「空」字，「空」是禪宗的神髓，是它關於世界的獨特思維方法。

太極拳也講「空」，「空」是為了乾淨。一片乾淨的空間，萌生出活力與智慧。因此，「空」是有內容的。

禪宗的三重境界依次遞進，第一重境界空了，還在尋，只是去掉了舊，還沒有新，要尋找真我。這是太極拳「舊力已去，新勁未生」之時。第二重境界，去掉了外界種種因素以及主觀因素的干擾，生機純任自然地勃發。這是太極拳的「循環無端，妙手空空」之時。第三重境界，在有限中感悟了無限，把短暫與永恆相統一，超越了形式的羈絆，乃天人合一之境地。這是太極拳「道法自然，無形無象」的層次。

作為禪修的太極拳要在心性上多下工夫，拳法招勢如同行走坐臥，隨手可為，隨處可見，不知不覺，所以為無。而從中激發的感悟靈性，卻是滋養生命的大有之道。

心花綻放

　　有西方人將太極拳比喻為「東方的芭蕾」，我認為這一比喻並不貼切，因為芭蕾追求的是一種結構的精確與精緻，它需要激情四溢的散射，就感染力而言，芭蕾如刀，太極如花。

　　太極拳是心底綻放的智慧之樹，每一個動作就是盛開的花。

　　如花般由內向外綻放，因為成熟而綻放，因為心底的快樂所以綻放。

　　快樂的綻放是沒有負擔的，不因為催生，不因為綁縛。因為放鬆而綻放，太極拳的鬆是心底的鬆，心緊的人是不可能真正放鬆的。

　　心花的綻放是徹底的，沒有保留，所以充分。太極拳是體驗生命的一種過程，也是充分享受生命的一種方式。在練拳中帶有任何的雜念都會影響它的徹底性。生命之花綻放得越徹底，對生命、生活體驗越透徹。

　　心花的綻放是含蓄的。不因為徹底而肆無忌憚。肆意過後，是短暫的耀眼，之後會萎頓、消亡。太極之花的綻放因為含蓄，所以永遠不到頂點，因為在頂點到來之前，就完成了陰陽循環，終點又變成了起點，這就是太極拳「圓」的奧秘。

在太極拳圓形結構中，能量不斷完成積累與釋放，它的釋放又轉化為更大能量的積累。

如此，循環無端，持續永恆。

所以，太極拳不需要刻意的堅持，只有隨性的綻放。

堅持是一種和諧平衡的常態，無論多麼複雜的環境結構，都能在太極平衡原則導引下向和諧的境地回歸。

太極拳之心花，還有一種縹緲的味道。如同霧裏看花，花非花、拳非拳。

練每一拳式，有拈花微笑式的感悟，如此拳入三昧，盡在不言中。

太極如花　台灣著名雕塑家朱銘的太極雕塑

太極一年就出門

太極拳有一句名言：「太極十年不出門。」這句話成就了很多人，也誤導了很多人。

這句話的本意有兩方面，一是言太極拳之難練，二是強調練太極拳要專心用功。它還是有一定的合理性的，特別是在過去的社會環境條件下。

一句話的價值，離不開確定的語境。過去習練武術的人比較少，很多人練武或者為了提高技擊能力，或者以武作為謀生手段，這就要求習拳者必須要練到很高的水準，才能出去應對江湖。如果跟對了老師，潛心苦練，就能學有所長、學有所成。這句話也告誡一些心浮氣躁者，練習太極拳不能想著一蹴而成，需要靜心修煉。

這句話也有很大的局限性，首先，它在一定程度上反映了過去武林一些老師保守的習俗，本來一年能教會的東西，非要教你個三年、五年，因為他從師父那也是這樣學來的。

其次，反映了一些教法的落後，似乎時間練的越長，功夫越深。實際情況並不然，太極拳的練習是不能完全以練習時間的長短來衡量水準的，悟性高的人練一年就比悟性差的練三年、五年管用。

第三，必須跟對老師，否則，關在「門」裏練十年，

不練得暈頭暈腦才怪。

現代社會裏太極拳的習練者成分錯綜複雜，各自的要求和目的也不盡相同，客觀地說，大多數人並不需要一定要將拳練到很深的程度。作為健身修性來說，練一年就有一年的效果。在今天的社會結構中再來運用、強調這句話，就存在很多局限性，甚至錯誤。如果過分強調「太極十年不出門」，會對太極拳形象有一定誤導作用，讓人覺得太極拳很難練，上來就拒人千里之外。

對於一些開始練了太極拳的人來說，如果都依照「十年不出門」的辦法來練，可能會耽誤很多時間，或者運用了錯誤的方法。

太極拳是一種練一生、受益一生的功夫。「出了門」不代表不練拳，相反，更應該勤學勤練，更需要接受老師的指導。

我們提倡一種輕輕鬆鬆的練拳環境，不要把練太極拳搞得過於緊張，不能把「十年不出門」當作扣在太極拳練習者頭上的緊箍咒。習拳者完全可以根據自己的需求、目的來制定練拳規畫和練拳的方式、方法。

現在學太極拳，條件與過去相比已經不可同日而語，不僅有很多可以跟隨的老師，還有很多圖書、音像。每個人都有條件以各種方式和好的老師接觸。學習太極不僅可以「一年」就出門，甚至可以「不出門」就學太極。

是不是要將太極拳練到很精深的程度，一定需要十年不出門呢？

未必。

練精練深太極拳功夫不能閉門修煉，做學問要「讀萬

卷書，行千里路」。練好太極拳也需要「練萬遍拳，行千
里路」。行千里路就要多看、多聽、多交流。「不出門」
就是一種封閉式的教學，在過去以農耕為主的社會結構中
是有一定合理性的，訊息交流不暢、參考資料不足、交通
不方便、經濟不發達，不能「博」、不如「專」，以專來
補博，以苦功來彌補啟悟。但在現有條件下，「不出門」
就等於喪失了很多學習、借鑒、提高的機會。

孫祿堂融會三家，開宗立派

從歷史上看，很多太極拳大家也並沒有依照「太極十年不出門」的模式來修煉。孫祿堂先生為開創孫式太極拳的大家，在太極拳上為宗師人物，他於1912年遇郝為真學習太極拳，三四年後即將太極、形意、八卦三家融合，開宗立派。

他在1916年所寫的《八卦拳學》文中記載了這一過程：「民國元年，在北京得遇郝為真先生，先生精於太極拳學，初見面時相互愛慕。余因愛慕此技，即將先生請至家中，請先生傳授講習，三四個月功夫，此技之勁，方知其所以然之理。自此以後晝夜習練，至三年豁然大悟，能將三家之勁合為一體。心中方無形意、八卦、太極之意。又始知三家皆三元之理。夫八卦天也，太極人也，形意地也，三家合一之理也。余嘗自揣三元之性質，形意比如鋼球鐵球，內外誠實如一。八卦比如絨線與鋼絲盤球，周圍玲瓏透體。太極如皮球，內外虛靈，若有若無、實若虛之理，此是三元之性質也。」

當然，武學奇才如孫祿堂者能開宗立派的，也是鳳毛麟角。對於大多數人來說，學習太極還是用不了十年就可以出門的。

學練太極就是一個身心自我解放的過程，破除藩籬，就從破「太極十年不出門」開始。提倡出門學太極，開門學太極。

所謂：

太極一年出門去，

雲在心外水在山。

也談練拳三十六病

　　昔日陳鑫曾作《搧手三十六病》，重點解析太極拳技擊中的種種弊端，精闢入微。現結合當今太極拳習練之特點、趨勢，根據所見所聞，結合常見練太極拳之流弊，亦總結三十六病，涉及各個方面，供習太極者參考。

　　1. 渾：渾渾噩噩，拳理不清。

　　2. 碎：不簡潔，碎碎叨叨，拖拖拉拉，拳勢不乾淨。

　　3. 硬：直來直往，圓轉不潤滑。

　　4. 努：用意過分，心力太甚。

　　5. 淺：功夫在表面，不深入內裏。

　　6. 乾：拳不溫潤，如枯木乾枝。

　　7. 分：意氣不一，內外分離。

　　8. 猛：沒有分寸，失德失衡。

　　9. 妖：不正不端，行為飄蕩，故作瀟灑。

　　10. 束：自我捆綁，不能發揮。

　　11. 促：慌慌張張，氣機紊亂。

　　12. 疏：拳架鬆散，氣不相連。

　　13. 萎：精神萎靡，精神不提。

　　14. 悶：如悶水罐，氣血不開，與人交手，勁力自封。

　　15. 端：追求身段，表演痕跡過重。

　　16. 平：乏味無趣，節奏死板。

17. 浮：心緒煩亂，不能入靜。

18. 搶：先發先入，失機失勢。

19. 折：關節僵硬，轉換不暢，如折樹枝。

20. 矮：架勢過低，負重不靈。

21. 斜：身形俯仰，四面搖晃。

22. 滑：勁路不清，折疊含混。

23. 塞：調息強妄，呼吸不隨。

24. 頓：舉手猶豫，患得患失，為敵所趁。

25. 冒：勁意出尖，露形破圓。

26. 板：過度挺直，滯中失和，行拳機械。

太極拳形不破尖，意不露體　陳思坦演示

27. 重：下實上虛，騰挪維艱。

28. 蓋：上實下虛，泰山壓頂。

29. 曲：弧形過大，近路遠走。

30. 散：四肢不和，各行其是。

31. 斷：勢不相連，亦步亦趨。

32. 雜：博而不純，似是而非。

33. 蕩：開而不合，大不能收。

34. 執：執著一點，意氣受拘。

35. 頑：固守教條，不虛不空。

36. 耗：有勁無功，會練不養。

以上各病，有些互相連帶，犯一則多犯。有些是不同階段所易犯的錯誤；有些是拳架上的，有的屬於思維方式上的。練太極拳宜抓大放小，抓大原則，大原則對了，細節則可逐步解決。

太極拳要練養結合

空山新雨
──太極拳的詩詞意境之一

一直很喜歡讀古典詩詞，閒暇時分泡上一壺茶，讀幾頁詩詞，是一種很好的享受。

後來在讀詩詞的時候，經常會聯想到太極拳，有時候站起身來，比畫幾下，彷彿別有所悟。

中國古典詩詞很大一部分抒發的人生感悟、營造的就是一種天人合一的溝通情景，表達對大自然的謳歌與啟示。中國文化具有高度契合性，太極文化骨子裏與古典詩詞所秉承的人文精神是同源同脈。許多古典詩詞與太極拳的意境有著天然的統一。所以讀詩詞感悟太極也是一種很自然的事情。

同樣，在練太極拳時也經常在腦海裏浮現出一些古典詩詞的句子，將那些拳的招勢與讀詩詞的感受重合起來。

王維的《山居秋暝》是一首著名的五言律詩，它所描述的清新之境，是唐詩中與太極拳意境高度吻合者。每當練拳時，全身有一種通透清爽的感受時，總能想到此詩。

空山新雨後，天氣晚來秋。

明月松間照，清泉石上流。

竹喧歸浣女，蓮動下漁舟。

隨意春芳歇，王孫自可留。

「空山」本就是自然界的寧靜、穩固、曠遠的形象，「新雨」後的空山，洋溢著通潤感。太極行拳要穩定如

山，行氣如雨潤空山。

松間明月，清輝遍佈，滲透全身。鬆之挺拔，順氣昂揚，與皎潔明月呼應，雅致而高潔。練太極拳要始終保持一種挺拔的骨氣，以及不染塵的高雅。

松參天入地，為陽剛象徵，明月柔和清澈，向來為陰的代表，明月松間，陰陽和諧，拳行其間，洗髓滌心。

清泉石上流，乃一幅生動的剛柔相濟圖。春芳之隨意，絲毫不強求。

此詩中有動有靜，動靜相生。「竹喧歸浣女」之動，動而不躁，充滿生活的情趣。「蓮動下漁舟」之動，飄逸灑脫，有一種流動的隨性。

山居秋暝圖的主旨在於自然、清新、隨性，與太極拳對於生命境界的追求相一致。那種任憑外界變化、春光永駐我心的情懷是一種激情的態度，這正是練太極拳所要具備的。

山居秋暝圖

野 渡 無 人
——太極拳的詩詞意境之二

　　韋應物的《滁州西澗》是一首極負盛名的應景小詩，字不多，景不大，但意境悠遠，觸動人心。

　　獨憐幽草澗邊生，上有黃鸝深樹鳴。

　　春潮帶雨晚來急，野渡無人舟自橫。

　　整首詩構成了一幅自然的生存狀態圖。澗邊的幽草、樹上的黃鸝，一下一上；帶雨的春潮、自在的孤舟，一動一靜，純任自然，毫無雕琢。

　　這首詩之所以千百年來打動一代又一代人的心，因為它展示的是一種生命自然無為的境界。不管社會環境如何

野渡無人拳自行　陳小旺演示

變化，人內心對生命自然狀態的回歸是永恆的趨勢，在這種自然無為的境地裏，心靈才有了徹底的放鬆和安穩的棲息。

太極拳是一種「有為」和「無為」相結合的修持功夫，必須以「無為」法，才能達到「有為」的效果，對於個體生命而言，最大的「有為」，便是健康、快樂。

野渡是一種自然的狀態，如果是喧鬧的碼頭就沒有這種意境了。練太極拳的人很多都是身處喧鬧的環境，能不能達到「野渡無人拳自行」的境界？

太極拳的無為，就是讓身心回歸自然，處於一種自然運行的狀態。自然運行的生命狀態是最節省能量、並且能不斷積蓄能量的。

練拳的時候，先要把後天形成的那些「亂為」的做法糾正過來，把那些「亂為」的習慣去掉。

比如說，我們一舉動，就習慣用力，先用力才有動作。那就要去掉僵力，學會不用力能運動身形，實現一舉動周身俱要輕靈。

太極拳是內功拳，練到一定時候自然會有種種內功的反映。但我們不能去主動尋找這些感覺，主動去找感覺就是「亂為」，最終只停留在感覺的表面，而失去感覺的根源。人坐在舟上去找「舟自橫」的感覺，就已經改變了「舟自橫」的本質。

練拳還要能「捨」，捨就是無為，很多東西只有捨去，才能獲得更大、更多。太極拳講究「捨己」，就是捨去以「我」為中心，「我」是主觀，不捨掉就無法客觀，無法接近真實。「野渡無人」是一種真實的狀態，沒有任

何主觀的介入，所以比較純粹。

太極技擊中要求捨掉自己，這樣才能完全做到「從人」，就是隨勢，把對方的優勢變成自己的優勢。太極養生中的捨，就是捨掉能造成身體和心理緊張的因素，可能是練習方法，也可能是思維方法。

在太極拳練習中，還要能隨時捨掉自己認為對的練法、感受，要以太極原理、太極原則為依據，即使那些透過很長時間摸索出來的東西，如果不符合太極拳理法，也要捨掉。

能「捨」有時候需要很大的勇氣，不僅要和習慣做鬥爭，還要和自己的心理做鬥爭。

無 邊 落 木
——太極拳的詩詞意境之三

登高

風急天高猿嘯哀，渚清沙白鳥飛回。

無邊落木蕭蕭下，不盡長江滾滾來。

萬里悲秋常作客，百年多病獨登臺。

艱難苦恨繁霜鬢，潦倒新停濁酒杯。

《登高》是唐代大詩人杜甫一首代表性的傑作，格律工整，言詞簡練，意境高闊。即使在杜詩中也是翹楚之作，被譽為「杜集七言律詩第一」，更有人評其為「全唐詩壓卷之作」「古今七言律詩之冠」。

杜甫的這首詩，抒發自己登高所見所感，後人多解讀其抒發壯志未酬的蹉跎感，感歎人生的滄桑。而從太極拳習練的角度來體會，卻是別有一番風味和意境。詩中所展現的浩大與空曠，在習練「白鶴亮翅」「抱虎歸山」等勢子時感觸尤深，如同置身大自然，感受循環輪迴。

「風急天高猿嘯哀，渚清沙白鳥飛回」，地球生命體的活動是自然界變化的重要部分，人既是旁觀者，又是參與者。太極拳是一種情智性的活動，有著深入的精神變化。太極拳的鍛鍊能夠調動人的情感因素，它最終是能夠改變、改善人對自然、對社會的認知的。猿嘯鳥飛在天地間，都是以自身的方式，與自然呼應，並尋找最佳的生命

寄存點。太極拳是人與自然溝通的一個橋樑,在太極拳練習中,體察自身,體悟自然,並將自身與自然進行協調溝通,也給自身的精神在自然中尋找一個最佳寄存點。

「無邊落木蕭蕭下,不盡長江滾滾來」所展現的流暢感是任何紙上的線條無法比擬的,讀此詩句帶給人心靈的震撼是巨大的。「無邊落木」由上而下,「不盡長江」由西向東──一幅天地經緯壯闊圖。太極拳的動作揮灑雖然柔和,但也要有此氣度,四季更替、萬物輪廻,盡在拳掌之中。

白鶴亮翅──萬物輪廻、四季更替盡在拳掌之中
張勇濤演示

有 意 無 意
——太極拳的詩詞意境之四

　　東晉詩人陶淵明的《飲酒》詩，是一首充滿了道學與禪機的作品，其中超然物外的淡然、有無相生的睿智、人天相應的和諧，是對生命的透徹感悟。全文為：

　　結廬在人境，而無車馬喧。

　　問君何能爾？心遠地自偏。

　　採菊東籬下，悠然見南山。

　　山氣日夕佳，飛鳥相與還。

　　此中有眞意，欲辨已忘言。

　　領悟其中有意無意的自然境界，對太極拳的修煉很有幫助。

　　有意無意的核心，是回歸自然，不僅身體回歸，更重要的是心靈向自然的回歸。擺脫身心的羈絆，找回「眞我」，陶淵明是透過隱居的方式，隱於自然去體悟，而太極拳是由內修的方式，隱於市去感受。當今社會已無「空山」可隱，信息爆炸與喧鬧是基本特徵，所以透過太極拳能讓顯於市的身隱住回歸自然的心，對於人的生命有著獨特的意義。

　　能在人境而無車馬喧者，必然心靜。心不靜，就是無車馬，也是躁動不斷。心靜了，縱然車水馬龍，也無喧鬧入耳，這就是「靜」的功夫。練拳有沒有外界干擾只是表

象，關鍵是自己心靜，心靜了拳練起來才有內容、有內功，否則就是皮囊。

不是無「車馬」喧，而是心中無喧鬧。在太極拳上來說，這就是一種入靜的狀態。

「心遠」是定的功夫，是精神遠離塵俗。「地自偏」之「偏」是脫俗的一種境地。心遠就能帶領你的形體達到一種不為塵埃所染的天地，心遠拳自鮮，就是少有的雅。古往今來，拳練俗易，雖高而不可敬，心莫能遠也。拳練雅難，因為那不僅僅是體力的活、功力的活兒。

能心遠則拳自有格調

　　「採菊東籬下，悠然見南山」就是「慧」的功夫了，由靜由定而生慧。是一種拳行千遍後的頓悟。採菊與練拳都是一種修行的過程，由這個過程，得到了悠然，不經意間見到了南山。

　　人的生命本就是自然的一部分，與南山同伍，只是放下了束縛後，看到了自己，找到了自性，回歸了本原。

練拳妙法在有意無意之間　楊禹廷演示

「此中有真意，欲辨已忘言」的境界，是一種有意無意之間的「機」，也就是太極圖中間的「S」線。

太極拳的用意有兩種基本方法：有意法和無意法。

有意法，即意與拳合。就是意念與拳勢動作相配合，相一致。手向前，意也向前。意回收，動作也回收。在有些太極拳書中所言「意念引導動作」就是這一類。這是用意的第一步，是「意形雙重」。意形雙重是一個必然的過程，特別是在學拳的第一階段，能夠使動作意圖更加明確、明顯，要領容易掌握和體會。

無意法，即意念與動作分開，意形相離。開始不能完全相離，逐步做到脫開。就像小孩走路，總要先領一領，這個「領」就是意領，等完全立住了，就可以脫開。太極拳意形分離就是這樣的過程。等形練純熟了，練出味道、感覺來了，意就可以逐漸脫形，意就可以自如地運動。

太極拳練到後來，就是一個有意無意之間的狀態。有意就有點，從技擊上說，這個點容易被別人拿住，從養生上說，這個點容易成為「滯點」。只有意形分開，才能實現真正的空，這一點是沒有練到這一步的人難以體會的。但完全無意的狀態也不行，那樣拳就無法正常運行。

所以理想的狀態是，意始終有，但不可過重，意形相合，合在有意無意之間。

陶淵明的這首詩講的就是這樣的人生境界。

太極拳的快樂密碼

　　練太極是要追求健康的。

　　身體要健康，心理也要健康，所以練拳必須是快樂的，不快樂，心理不可能健康。

　　所以，我歷來反對「刻苦練拳」之說。可以是勤奮的，但不能是刻苦的。如果總覺得苦，練拳何益？

　　練拳快樂的密碼在於，氣要沉下去，精神要提起來。

　　太極拳需要熱情，練太極不是讓人死氣沉沉，老氣橫秋。年輕人練了，更加朝氣蓬勃，老年人練了，煥發青春朝氣，如此，太極拳就算練對了。

　　氣沉下去，是太極拳的基本要求。氣沉心也就靜了，心靜氣也就沉了，這是相輔相成的。心浮氣躁，氣躁了拳就僵硬，身體發緊，周身不通。

　　練太極拳則是要全身練通。拳論說：「全身透空。」怎麼透空法？就是完全通了，無障礙。所以，練拳過程中要始終堅持氣沉下去的原則。一個最簡單的做法，就是練拳開始時候，輕輕呼氣三口，雜念也隨之呼出。閉上眼睛，仔細感受氣向下沉。然後在後面的練拳中始終保持這種感覺。

　　拳論說：「精神要提得起。」很多人對此話並沒有十分重視。他們只是強調了太極拳的「含」，沒有重視「提

起」。「含而不露」不代表「含而沒有」。精神提起來不等於神氣散於外。精神提起，練拳始終是精力充沛的，洋溢著活力的。

萎靡時不練拳，心情不好時不練拳。練太極拳有強化記憶功能，帶著好的情緒練，能強化的情緒更好，帶著不好的情緒練，就愈發地不好。

練拳時面部表情應該是輕鬆愉悅的，甚至是面帶微笑。當然，這種微笑應該是發自內心的美好情緒的自然流露，而不是強顏歡笑。面部表情輕鬆或者微笑有助於全身的放鬆。

所以有的人練拳緊鎖雙眉，那樣的練一定不對。

以快樂的心態練拳，讓練拳使我們更加快樂。

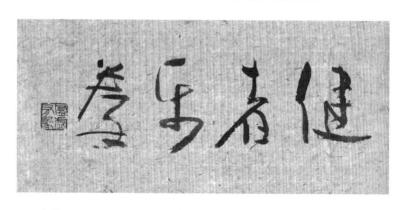

歡迎至本公司購買書籍

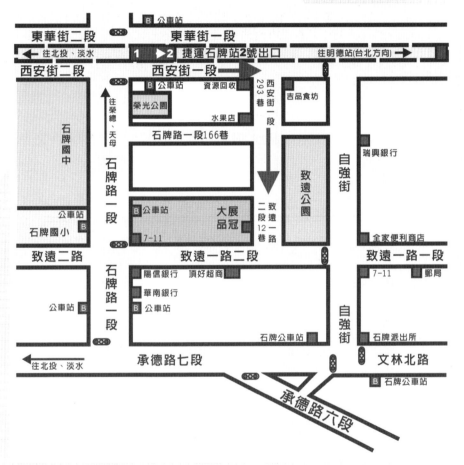

建議路線
1. 搭乘捷運‧公車
　　淡水線石牌站下車，由石牌捷運站2號出口出站(出站後靠右邊)，沿著捷運高架往台北方向走(往明德站方向)，其街名為西安街，約走100公尺(勿超過紅綠燈)，由西安街一段293巷進來(巷口有一公車站牌，站名為自強街口)，本公司位於致遠公園對面。搭公車者請於石牌站(石牌派出所)下車，走進自強街，遇致遠路口左轉，右手邊第一條巷子即為本社位置。

2. 自行開車或騎車
　　由承德路接石牌路，看到陽信銀行右轉，此條即為致遠一路二段，在遇到自強街(紅綠燈)前的巷子(致遠公園)左轉，即可看到本公司招牌。

國家圖書館出版品預行編目資料

太極密碼(2)——太極拳心法體悟 ／ 余功保 著
　　——初版，——臺北市，大展，2014〔民103.06〕
　　面；21公分 ——（武學釋典；16）
　　ISBN　978－986－346－022－0（平裝）

1.太極拳

528.972　　　　　　　　　　　　　　　103006584

太極密碼(2)——太極拳心法體悟

著　　者／余功保
責任編輯／張建林
發 行 人／蔡森明
出 版 者／大展出版社有限公司
社　　址／台北市北投區（石牌）致遠一路2段12巷1號
電　　話／（02）28236031・28236033・28233123
傳　　眞／（02）28272069
郵政劃撥／01669551
網　　址／www.dah-jaan.com.tw
E - mail ／ service@dah-jaan.com.tw
登 記 證／局版臺業字第2171號
承 印 者／傳興印刷有限公司
裝　　訂／承安裝訂有限公司
排 版 者／弘益電腦排版有限公司
授 權 者／北京人民體育出版社
初版1刷／2014年（民103年）6月

　　　　　　　　　　　　　　　　　定　價／200元

大展好書　好書大展
品嘗好書　冠群可期

大展好書　好書大展

品嘗好書　冠群可期